VIE

DE

SAINT AUGUSTIN,

ÉVÊQUE ET DOCTEUR DE L'ÉGLISE.

PAR L'ABBÉ GODESCARD.

PREMIÈRE PARTIE.

A TROYES,

CHEZ Vᵉ ANDRÉ ET ANNER, LIBRAIRES,

PLACE DE L'HÔTEL-DE-VILLE, N° 5.

ora- ti-o-nem meam.

Hymne du 6.

Procul recédant sómnia,
Et nóctium phantásmata;
Hostémque nostrum cómprime,
Ne polluantur córpora.

Præsta, Pater piíssime,
Patríque compar Unice,
Sancto simul cum Spíritu,
Regnans per omne séculum.
Amen.

Capitule.

TU in nobis es, Dómine, et nomen tuum invocátum est super nos; ne dere[illegible]quas nos.

VIE

DE

S. AUGUSTIN.

TROYES, IMPRIMERIE D'ANNER-ANDRÉ.

VIE

DE

S. AUGUSTIN,

ÉVÊQUE ET DOCTEUR DE L'ÉGLISE,

SUIVIE

DU TRAITÉ DE LA PAIX DE L'AME,

ET DE

PRIÈRES TIRÉES DES ŒUVRES DE SAINT AUGUSTIN.

PAR L'ABBÉ GODESCARD.

PREMIÈRE PARTIE.

A TROYES,

CHEZ Ve ANDRÉ ET ANNER, LIBRAIRES,

PLACE DE L'HÔTEL-DE-VILLE, N° 5.

1830.

VIE

DE

S. AUGUSTIN,

DOCTEUR DE L'ÉGLISE.

Les papes, les conciles, l'Église entière ont eu dans tous les siècles tant de vénération pour la mémoire du saint docteur dont nous écrivons la vie, que ce serait prendre une peine inutile que de donner une liste de ses panégyristes. On ne nous pardonnerait pas non plus de copier les louanges que les plus habiles critiques on données à son savoir extraordinaire et à ses éminentes vertus. Le non seul d'Augustin est un éloge; il fait naître l'idée la plus sublime, et commande le respect le plus profond.

Ce parfait modèle des vrais pénitens, ce glorieux athlète de la foi, ce fléau des hérétiques, cette brillante lumière de l'Eglise, naquit le 13 novembre 354. Il eut pour patrie Tagaste, petite ville de Numidie en Afrique, qui était peu éloignée d'Hippone. Il sortait d'une famille peu riche, mais d'une condition très-honnête. Patrice, son père, était idolâtre et d'un caractère fort violent. Il apprit cependant à l'école de Monique sa femme, ce que c'était que la douceur et l'humilité chrétienne, et reçut le baptême quelque temps avant sa mort. Il eut, outre Augustin, un fils nommé Navigius, qui laissa des enfans, et une fille qui se consacra à Dieu dans la retraite.

Augustin, dans sa jeunesse, suivit tous les désirs d'un cœur corrompu. Il représente dans les premiers livres de ses *confessions*, l'abîme affreux de misère dans lequel il s'était plongé. Son but en cela a été de s'humilier, de déplorer son aveuglement, d'exhalter les richesses infinies de la miséricorde divine, d'instruire les autres par l'exemple de sa chute, de leur apprendre à découvrir et à éviter les piéges auxquels on est exposé dans cette vie, et de les porter efficacement à s'attacher au service de Dieu. Il commence ses *confessions* par adorer l'incompréhensible majesté de Dieu, par louer son ineffable bonté, par reconnaître « qu'il ne sait d'où il est venu en ce monde, ni si la vie dont il jouit doit être appelée, ou vie mortelle, ou mort vivante. » Il remercie son Créateur de lui avoir donné un corps et une âme si parfaits chacun dans leur genre, et d'avoir si constamment pourvu à tous ses besoins, sans exiger autre chose de sa part, sinon qu'il fût reconnaissant pour tant de bienfaits, qu'il bénît et louât le saint nom de celui qui s'appelle *le Très-Haut*. Il s'écrie dans un autre endroit : « Seigneur, que votre miséricorde me permette de parler. Qui suis-je à votre égard, pour me faire un commandement exprès de vous aimer, sous peine d'encourir votre colère et de tomber dans une horrible misère, comme si ce n'en était point une assez grande que de ne point vous aimer! » Il confesse avec douleur qu'il a commencé à offenser Dieu dans un âge qu'on appelle, par un abus de termes, l'âge de l'innocence, qui s'était échappé sans avoir laissé aucunes traces dans sa mémoire, et qui était, par rapport à lui, comme le temps qu'il avait passé dans le sein de sa mère. Il s'accuse de ce qu'il remarquait dans les autres enfans qui, quelques jeunes qu'ils fussent, paraissaient susceptibles de jalousie, de colère et de vengeance. On voit en effet les enfans demander avec larmes ce qui leur serait nuisible si on le leur accordait; ils deviennent furieux contre leurs supérieurs, et veulent les assujétir à leurs caprices; ils montrent de fort bonne heure des sentimens d'orgueil et de vanité. Saint Augustin blâme la coutume où l'on est d'excuser sur la faiblesse de l'âge ce qu'il y a de répréhensible dans les enfans, d'où il arrive qu'un excès de complaisance laisse former en eux des habitudes qui deviennent criminelles lorsqu'ils commencent à faire usage de leur raison: au lieu qu'il n'y a point d'âge où l'on ne soit, du moins jusqu'à un certain point, capable de quelque correction sensible, qui, si on l'emploie à propos, étouffera les premières passions dans leur germe. Il rapporte en gémissant comment, après avoir appris à parler, il entra dans la carrière orageuse de la société humaine, et comment il multiplia ses péchés et ses misères, quoique toujours soumis à ses parens et assujéti à la volonté des personnes plus âgées que lui.

Sa mère l'instruisit des mystères de la religion chrétienne, et lui apprit à prier. On le fit catéchumène en formant sur lui le signe de la croix, et en lui mettant du sel béni dans la bouche, comme cela se pratiquait ordinairement. Tandis qu'il fréquentait les écoles de Tagaste, il eut une maladie dangereuse, pendant laquelle il demanda le baptême. Sa mère mit tout en œuvre pour le disposer à ce sacrement. On différa cependant de le lui administrer, parce qu'il se trouva tout à coup hors de danger. La raison de ce délai fut fondée sur ce que l'on craignait que la fougue des passions de la jeunesse ne lui fît perdre la grâce reçue dans le sacrement de la régénération. Cette coutume de différer le baptême par un semblable motif, est condamnée à juste titre par saint Augustin. Aussi l'Eglise a-t-elle ordonné depuis long-temps de baptiser les enfans immédiatement après leur naissance; elle se repose sur le zèle des pasteurs du soin d'instruire les fidèles de la grandeur et de l'étendue des obligations qu'ils ont contractées, et de leur apprendre les moyens de conserver l'innocence baptismale, qui est aujourd'hui plus que jamais exposée à mille dangers.

Patrice, père d'Augustin, qui était toujours idolâtre, ne négligea rien pour cultiver les excellentes dispositions qu'il voyait dans son fils. Il lui fit apprendre les sciences, dans l'espérance qu'il pourrait par-là se frayer une route aux honneurs. Le saint condamna dans la suite les vues et les motifs qui avaient fait agir son père. Il remercie Dieu de ce qu'on l'avait forcé d'étudier dans son enfance. « Il est vrai, ajoute-t-il, qu'on ne se proposait autre chose, sinon de me mettre en état de satisfaire un jour la passion insatiable des biens et des honneurs, qui ne sont au fond qu'indigence et opprobre; mais vous avez permis, ô mon Dieu, que les fautes de ceux qui me faisaient étudier soient devenues pour moi le principe de plusieurs avantages. » Il s'accuse en même-temps des péchés qu'il commettait en n'étudiant qu'avec contrainte, en désobéissant à ses parens et à ses maîtres, ou en ne s'acquittant pas de ses devoirs de la manière qu'on l'exigeait de lui; et cela, non par défaut de capacité ou de dispositions, mais par amour du jeu. La peur qu'il avait des châtimens était excessive, et il priait Dieu dans l'âge le plus tendre de l'en délivrer; cette peur, qui lui attirait souvent les railleries de ses parens et de ses maîtres, était fondée sur ce qu'il regardait la punition comme le plus grand de tous les maux.

Quoique les enfans soient en général indociles, et qu'il faille les contenir, on peut dire cependant qu'il vaut mieux les gouverner par des motifs de vertu, et que, communément, on réussit plus auprès d'eux en leur inspirant un respect filial, qu'une crainte servile. Aussi saint Augustin semble-t-il se plaindre de ces maîtres austères qui surchargent les enfans de travail, et qui leur aggravent la peine à laquelle toute la postérité d'Adam est condamnée. On peut, jusqu'à un certain point, leur adoucir l'amertume que leur cause l'application, et la leur faire insensiblement aimer par principe d'honneur et de vertu. « Personne, dit saint Augustin, ne fait bien ce qu'il fait malgré lui. » Le saint docteur représente ensuite les misères de la nature humaine. Ses maîtres si sévères étaient eux-mêmes coupables de ce qu'ils punissaient dans leurs élèves, avec cette seule différence que ce qu'on appelait *jeu* dans les enfans, changeait de nom par rapport à eux, et s'appelait *affaires*. Ils donnaient eux-mêmes l'exemple de plusieurs vices à ceux dont l'instruction leur était confiée; on les voyait, pour avoir perdu l'avantage dans une dispute de peu de conséquence, s'emporter contre leurs collègues avec moins de ménagement que ne le faisait un enfant contre son condisciple qui *l'avait gagné à la paume !*

Augustin reconnaît avec humilité qu'étant enfant, il tombait souvent dans la vanité; qu'il avait l'orgueil de vouloir l'emporter au jeu sur ses condisciples; qu'il était singulièrement passionné pour les louanges. Une curiosité dangereuse le fit lier avec des personnes plus âgées que lui, et le conduisit aux jeux publics ainsi qu'au théâtre. Il avoue, d'après l'expérience, que Dieu permet que le péché trouve son châtiment en lui-même; que le plaisir laisse toujours dans le cœur un aiguillon importun, et qu'il remplit l'âme de fiel et d'amertume. « O mon Dieu, s'écrie-t-il, tel est l'ordre que vous avez établi, que l'esprit déréglé est son bourreau. »

Il acquit une parfaite connaissance de la langue latine, qu'il apprit d'abord des nourrices et des autres personnes avec lesquelles il conversait; mais il avait dans son enfance une grande aversion pour le grec, dont la grammaire lui paraissait hérissée de difficultés insurmontables; et c'était pour ne pas entendre suffisamment cette langue, qu'il ne pouvait alors goûter les beautés d'Homère. Quant aux poètes latins, il en faisait ses plus chères délices. Il se condamne d'avoir rempli sa mémoire des aventures d'Enée, tandis qu'il oubliait ses propres erreurs, et d'avoir donné des larmes à la mort de Didon, tandis qu'il ne pleurait point la perte de Dieu. « Quelle plus grande misère, dit-il, que d'être insensible à sa propre misère; de pleurer la mort que Didon se donne pour trop aimer Enée, et de ne point pleurer celle qu'on se donne, faute de vous aimer, ô mon Dieu! » La lecture des poètes lui fut cependant d'une grande utilité : non-seulement elle perfectionna son langage, mais elle développa encore les facultés de son esprit, surtout celle de l'invention, qui fait les génies créateurs; elle lui communiqua aussi cette sublimité de pensées et d'expressions qui élève la nature au-dessus d'elle-même, cette facilité à s'exprimer avec élégance et à rendre les choses de la manière qui convient, ce talent d'employer dans l'occasion les traits forts et hardis et les images pittoresques. Il remercie Dieu des avantages qu'il retira de son enfance et de ses progrès dans les lettres ; il le prie de les lui faire rapporter à son service, en sorte qu'il ne se propose jamais que sa gloire dans ses paroles, ses écrits, ses lectures et l'usage de ses connaissances.

Il demande pardon à Dieu du trop grand plaisir qu'il avait pris à l'étude, de l'abus qu'il avait fait de son esprit, de la passion avec laquelle il avait recherché dans ses exercices les applaudissemens des hommes, qu'il compare au vent et à la fumée, tandis que sa langue et toutes les facultés de son âme n'auraient dû être employées qu'à louer le Seigneur. Il gémit sur l'extravagance de quelques gens de lettres, qui craignaient moins d'offenser Dieu, que de déplaire aux hommes en péchant contre la pureté du langage ; et sur l'aveuglement de ces orateurs si attentifs à bien parler, mais qui ne se faisaient aucun scrupule de déchirer, en présence d'un juge mortel, la réputation de leurs ennemis. Entraîné par ces exemples, il craignait plus de laisser échapper *un solécisme* dans le discours, que de se rendre coupable d'envie, que de tromper ses supérieurs par des mensonges, surtout lorsqu'il s'agissait de satisfaire sa passion pour le jeu, péchés qu'il déteste avec amertume. Il déplore aussi différens vols qu'il faisait à ses parens, soit par gourmandise, soit par complaisance pour ses condisciples. Il rapporte à ce sujet que lui et une troupe d'enfans dérobèrent, pendant une nuit, des fruits à un voisin, uniquement pour faire le mal, puisque ces fruits n'étaient pas bons à manger. Il prend de là occasion de faire sentir le danger des mauvaises compagnies. « Que l'un dise, allons, faisons ceci; les autres rougissent de lui céder en impudence. » Le plus funeste écueil qu'Augustin rencontra, fut le vice abominable de l'impureté. Il y tomba à l'âge de seize ans. Il y fut entraîné par la lecture des comédies de Térence, par l'oisiveté, par la fréquentation du théâtre, par les compagnies dangereuses, et par les mauvais exemples.

Lorsqu'il eut appris les premiers élémens des lettres dans sa patrie, on l'envoya à Madaure, ville voisine, où il étudia la grammaire, la poésie et la rhétorique. A l'âge de seize ans, il se rendit à Tagaste, d'où il devait aller à Carthage pour y achever ses études. Mais, avant que de partir pour cette dernière ville, il resta un an dans la maison paternelle. Les bons avis que lui donna sa mère ne firent sur lui aucune impression. Bientôt il se lia d'amitié avec les libertins; il fut conduit dans leur société par l'oisiveté et par l'indulgence de son père, dont toute l'ambition était de le voir habile. Ce père aveugle ne voulait point comprendre qu'il faut occuper la jeunesse; que l'inaction énerve les forces de l'âme; qu'elle détruit en peu de temps les bonnes habitudes et le fruit de plusieurs années, et que souvent le mal vient à un point, qu'il n'y a plus de remède.

Durant l'année qu'Augustin passa dans sa famille, après son retour à Tagaste, il n'eut d'ardeur que pour le plaisir. Il s'abandonna en même temps à toute l'impétuosité de ses passions. Son père s'inquiétait peu qu'il fût vertueux, pourvu qu'il devînt éloquent. Les avertissemens secrets que lui donnait sa mère n'étaient point écoutés. « Je traitais, dit-il, ces avertissemens de discours de femme, auxquels j'aurais eu honte de déférer. C'était pourtant, ô mon Dieu, vos propres avertissemens qu'elle me portait, et je l'ignorais..... Ma mère était l'organe dont vous vous serviez pour me parler, et je vous méprisais en elle. Mais j'ignorais tout cela, et je courais dans le précipice avec un tel aveuglement, que, quand mes camarades faisaient en ma présence le détail de leurs infamies, j'avais honte d'être moins corrompu qu'eux, et je me portais au mal, non-seulement par le plaisir de le faire, mais encore par celui de pouvoir m'en vanter. »

Augustin alla à Carthage vers la fin de l'an 370, et au commencement de la dix-septième année de son âge. Il y étudia la rhétorique, et y fit les plus rapides progrès. Il trouvait alors tant de plaisir à l'étude, qu'il était obligé de se faire violence pour la quitter. Mais il n'étudiait que par des vues d'ambition et de vanité, en sorte que les connaissances qu'il acquérait ne servaient qu'à nourrir et augmenter son orgueil. Il haïssait cependant cette arrogance grossière qui se montre à découvert, et ne pouvait souffrir ces prétendus beaux esprits qui faisaient métier de se moquer des autres, uniquement pour satisfaire leur malignité. Ses ennemis reconnaissaient qu'il avait aimé la décence jusque dans ses déréglemens. Mais ce n'était qu'une décence mondaine et extérieure qui ne l'empêcha pas de se livrer au plus honteux libertinage. Il ne se fit aucun scrupule de se permettre ce qu'il voyait faire aux autres. Aussi s'écriait-il après sa conversion : « Malheur à toi, torrent funeste de la coutume ! Qui peut te résister ? Ne tariras-tu jamais ? » La force de l'exemple l'entraîna dans les mauvaises compagnies ; il prit du goût pour les amusemens dangereux ; il se passionna pour la représentation des pièces de théâtre, qui, en lui retraçant l'image des passions les plus infâmes, entretenaient le feu impur qui avait déjà commencé à brûler.

L'année suivante, il perdit son père, qui avait reçu le baptême quelque temps avant que de mourir. Il continua toujours ses études à Carthage. Il lut un ouvrage de Cicéron, intitulé *Hortensius*, que nous n'avons plus présentement. C'était une exhortation à la philosophie. Il en fut singulièrement touché; il se sentit enflammé d'un désir ardent de chercher la sagesse, et rempli de mépris pour les honneurs et les richesses. Depuis ce temps-là, il ne pensa plus à s'élever aux places distinguées. Ayant entendu, à l'âge de vingt ans, ses maîtres faire l'éloge du livre d'Aristote sur *les Catégories*, il eut envie de le lire, et il l'entendit facilement. Cette lecture le conduisit à placer Dieu dans la catégorie de la substance, et à raisonner de l'Etre suprême, comme s'il eût été corporel. Les ouvrages des philosophes païens lui déplurent à la longue, parce qu'il n'y trouvait point le nom de Jésus-Christ, dont il avait, pour ainsi dire, sucé la connaissance avec le lait de sa mère. Il se mit donc à lire l'Ecriture, mais il ne put souffrir le style simple des livres divins ; son orgueil lui empêcha d'en pénétrer l'esprit. Peu de temps après, il tomba dans l'hérésie des manichéens, et y persista environ neuf ans. Sa chute fut principalement causée par l'impureté, vice dont le propre est de dégrader l'homme, d'aveugler son esprit, d'endurcir son cœur, de lui ôter le goût des choses spirituelles, d'éteindre les lumières de la raison, de pervertir la volonté et toutes les autres facultés de l'âme. L'orgueil fut une des autres causes de la perte d'Augustin. « Je cherchais, dit-il, avec orgueil, ce que l'humilité seule pouvait me faire trouver. Insensé que j'étais, je m'imaginai que je pouvais prendre l'essor, et je tombai à terre. » Les manichéens flattèrent sa vanité, en se vantant de lui faire connaître les choses dans leur nature, et en se moquant de ceux qui déféraient à l'autorité de l'Eglise catholique, et qu'ils accusaient de tenir par-là leur raison dans des entraves. Ils le séduisirent par cet artifice, et le firent tomber dans le piége qu'ils lui avaient tendu. Ils lui promirent des démonstrations sur chaque chose, assurant qu'il n'y avait point de mystères ; que la foi n'était que faiblesse, et la crédulité qu'ignorance. « Ils prétendaient, dit-il, qu'en mettant à part une autorité *terrible*, ils conduisaient les hommes à Dieu, et les affranchissaient de toute erreur par le seul secours de la raison. » Leur historien infère de là que, du temps de saint Augustin, les catholiques *faisaient sonner bien haut* l'autorité de l'Eglise. Mais il devait ajouter que le saint docteur, ayant depuis examiné sérieusement les choses reconnut qu'il était souverainement raisonnable de s'en tenir, par rapport aux vérités surnaturelles, au témoignage de Dieu, manifesté par l'autorité de l'Eglise dont il est le fondateur, et dans laquelle son esprit, qui ne peut errer, conserve, dans toute sa pureté, le dépôt de la révélation divine: témoignage d'ailleurs dont cette même révélation fournit les preuves les plus solides, et qui est confirmé par des miracles évidens, ainsi que par d'autres motifs de crédibilité, auxquels doit se rendre tout homme sage et désintéressé.

Ce que saint Augustin remarqua dans les manichéens, s'est rencontré dans les sociniens et dans d'autres hérétiques de ces derniers temps. Ils se sont vantés de n'avoir d'autre guide que la raison; mais ils ont été forcés, par leurs propres principes, d'admettre les absurdités les plus monstrueuses, et ils sont tombés dans les inconséquences les plus révoltantes. La raison, lorsqu'on en fait un usage légitime, nous conduit comme par la main à la révélation qui, loin de lui être opposée, découvre son insuffisance dans les choses qui sont au-dessus de sa portée, et lui offre une lumière bienfaisante pour arriver à la connaissance des vérités les plus nécessaires et les plus importantes.

Ce fut pour n'avoir pas suivi une méthode aussi sûre et aussi raisonnable, qu'un génie tel qu'Augustin tomba dans les piéges des manichéens. Il en convient dans un ouvrage adressé à Honorat, son ami, qui, à sa sollicitation, se trouvait engagé dans les mêmes erreurs.

« Vous savez, lui dit-il, sur quel fondement nous nous sommes attachés à ces sortes de gens..... Je renonçai pendant neuf ans à la religion qu'on m'avait enseignée dans mon enfance, sur le reproche qu'ils nous faisaient de nous laisser entraîner par la superstition, et d'adopter, contre les lumières de la raison, ce que nous appelons la foi; tandis que, chez eux, on était obligé de ne croire que les choses que l'on avait examinées, et de la vérité desquelles on avait de bonnes preuves. Comment n'aurais-je pas été séduit par de semblables promesses, moi surtout qui étais jeune, qui désirais connaître la vérité, et qu'une certaine réputation acquise dans les écoles avait rempli d'orgueil ?.... Ils se moquaient de la simplicité des catholiques qui doivent croire, sans qu'on les mette par l'évidence, à portée de comprendre les vérités qu'on leur propose. » Saint Augustin remarque ailleurs que la méthode des manichéens, qui a été suivie par les autres hérétiques, a toujours été une source d'erreurs dans la foi. C'est, dit-il, une règle commune parmi tous les hérétiques de se prévaloir des lumières de la raison, et de tâcher de la mettre en opposition avec l'autorité de l'Eglise, qui est solidement établie; et ils sont forcés d'agir de la sorte, parce qu'ils voient bien le ridicule et le mépris qui rejailliraient sur eux, si l'on venait à comparer leur autorité avec celle de l'Eglise. Tous les hérétiques, dit-il dans un autre endroit, trompent en général par une orgueilleuse ostentation de science, et par des railleries contre la simplicité de ceux qui croient. »

Il nous apprend que les principales questions qui l'embarrassaient, et auxquelles les manichéens promettaient une solution, avaient pour objet l'origine du mal et la difficulté de comprendre ce que c'est qu'un esprit: ce qui lui avait fait imaginer que Dieu était corporel. Ses nouveaux maîtres le conduisirent d'absurdités en absurdités, au point de croire que, quand on cueillait une figue, la figue, et l'arbre, qui était sa mère, versaient des larmes de lait, et que si quelqu'un, du nombre des saints ou élus d'entre les manichéens, mangeait cette figue, sans avoir participé au crime qu'il y avait à la cueillir, les particules des bonnes intelligences, ou plutôt de la Divinité qui y étaient emprisonnées, recouvraient la liberté.

Comme il s'apercevait cependant que ces hérétiques, qui montraient beaucoup de subtilité dans la dispute, ne prouvaient pas solidement la vérité de leur doctrine, il resta toujours dans la classe des auditeurs, sans vouloir se faire initier parmi les élus. Son orgueil fut extrêmement flatté du succès qu'il eut dans plusieurs disputes avec les orthodoxes. Il attira même, dans le parti des manichéens, plusieurs des catholiques, entr'autres Alipius et Romanien, son bienfaiteur, qui l'avait logé chez lui pendant qu'il étudiait à Carthage.

Il avait à peine atteint l'âge de vingt ans, que déjà il possédait toutes les parties des belles-lettres. Mais que lui servait son savoir, comme il le remarque lui-même, puisqu'il lui était nuisible par le mauvais usage qu'il en faisait ? Ayant quitté Carthage pour retourner dans sa patrie, il y établit une école de grammaire et de rhétorique. Sa mère, qui était une catholique zélée, pleurait sur les égaremens de son fils, et ne cessait de demander à Dieu sa conversion. Elle refusa de manger avec lui, à cause de son hérésie, dans l'espérance qu'une telle conduite le ferait rentrer en lui-même. Quelque temps après, voyant ses efforts inutiles, elle alla trouver un évêque, et le conjura, les larmes aux yeux, d'entreprendre la conversion de son fils. Le prélat lui répondit qu'il n'était pas temps encore, alléguant pour raison qu'Augustin n'était point alors susceptible d'instruction, à cause de son attachement à la nouveauté de son hérésie, et de la bonne opinion que lui avait fait concevoir de lui-même l'avantage remporté sur quelques catholiques plus zélés qu'éclairés, qui avaient eu l'imprudence de disputer avec lui. « Contentez-vous, dit-il à Monique, de prier Dieu pour lui; il découvrira peu à peu son erreur et son impiété. » Comme elle continuait de le presser de voir son malheureux fils: « Allez, lui dit-il, que le Seigneur vous bénisse; un enfant de tant de larmes ne peut périr. » Monique regarda ces paroles comme un oracle du ciel. Elle eut ensuite un songe pendant lequel il lui sembla voir un jeune homme qui, après lui avoir demandé la cause de sa douleur, lui dit de prendre courage, parce que son fils était où elle était elle-même. Regardant aussitôt à côté d'elle, elle y vit Augustin. Cette vision, jointe à la confiance qu'elle avait en la miséricorde divine, la consola pour le moment. Mais elle fut encore bien des années sans voir accomplir ses désirs. Elle ne cessa d'importuner le ciel par ses prières et ses larmes tant qu'elle vit Augustin éloigné de son Dieu, qu'elle aimait infiniment plus que son fils et qu'elle-même.

Augustin avait un ami qu'il chérissait tendrement, et qui avait été plusieurs années le compagnon de ses études. Il avait coutume de verser dans son sein toutes ses peines et ses inquiétudes. Cet ami, dans la fleur de l'âge, s'était fait manichéen à sa persuasion. Etant tombé malade, il se convertit et reçut le baptême. Augustin l'ayant voulu railler, il lui dit avec une généreuse liberté, qu'il qu'il devait parler autrement, s'il était jaloux de conserver son amitié, et que, s'il ne le faisait, il le fuirait avec horreur et le regarderait comme son ennemi. Sa maladie, qui parut d'abord diminuer, redoubla peu de temps après, et il mourut dans les plus vifs sentimens de piété. Augustin ressentit une douleur inexprimable de la perte de son ami; son cœur fut plongé dans l'amertume sans pouvoir recevoir de consolation; il lui semblait voir partout l'image de la mort; son pays et sa propre maison ne lui offraient que des objets d'horreur; tout ce qui lui rappelait l'idée de son ami, lui en rendait la privation plus douloureuse; il le cherchait partout des yeux, quoiqu'il ne pût le trouver; tout lui était insupportable, parce que rien ne lui rendait celui qu'il avait perdu, et qu'il ne pouvait plus dire comme auparavant, lorsqu'il était absent : *Le voilà qui va venir ;* il ne trouvait de douceur que dans ses larmes; et, comme elles avaient pris la place de son ami, elles faisaient toutes ses délices.

Rien n'étant capable de le consoler, il se retira à Carthage, où le temps et de nouvelles liaisons firent disparaître sa douleur. L'ambition le conduisit aussi dans cette ville, qui, étant capitale de l'Afrique, lui offrait un théâtre plus vaste et plus digne de ses talens. Il y ouvrit une école de rhétorique, et y parut avec de grands applaudissemens. Il remporta les premiers prix d'éloquence et de poésie. Il était également séduit par l'orgueil et par la superstition : l'orgueil le rendait passionné pour les louanges, pour les acclamations du théâtre, pour les combats où l'on se dispute une couronne fragile ; la superstition, déguisée sous le masque de la religion, lui faisant désirer d'être purifié de ses souillures, il portait à manger aux élus et aux saints des manichéens, afin que, dans l'atelier de leurs estomacs, ils fabriquassent des anges et des dieux qui pussent l'en délivrer. Considérant depuis cette extravagance, il s'écriait dans un vif sentiment de sa faiblesse : « Que suis-je sans vous à moi-même, qu'un guide qui conduit au précipice ? » Il voulut aussi étudier l'astrologie judiciaire ; mais il renonça bientôt à cette prétendue science, dont il reconnut la vanité et la folie. A l'âge de vingt-six ou vingt-sept ans, il fit un traité *de ce qui est beau et convenable dans chaque chose.* Cet ouvrage n'est point parvenu jusqu'à nous. Il commença vers le même temps à se dégoûter des histoires que les manichéens débitaient sur le système du monde, sur les corps célestes et sur les élémens. « Cette espèce de connaissance, dit-il à ce sujet, n'èst point essentielle à la religion ; mais il est essentiel de ne point mentir, et de ne pas se vanter de connaître ce que l'on ignore. »

Il y avait alors en Afrique un évêque manichéen nommé Fauste. Ceux de sa secte le regardaient comme un homme extraordinaire et parfaitement versé dans toutes sortes de sciences. Augustin attendait avec impatience le moment où il viendrait à Carthage, dans l'espérance qu'il éclaircirait tous ses doutes. Il alla donc le trouver dès qu'il fut dans cette ville. La conférence qu'ils eurent ensemble le convainquit que c'était un beau parleur ;

mais il n'en tira pas plus de lumières que des autres manichéens. Il remarqua seulement qu'il s'exprimait avec plus de grâce et de facilité. Il voulait autre chose que des mots, et il avait trop de solidité dans l'esprit pour se contenter d'une pure forme. Le peu de satisfaction qu'il eût de sa conférence avec Fauste lui dessilla les yeux ; il se sentit dès-lors beaucoup d'éloignement pour la secte des manichéens. Ses préjugés cependant contre la doctrine catholique l'empêchèrent de s'y attacher : en sorte que, désespérant de découvrir la vérité dans sa propre secte, et ne sachant où trouver rien de meilleur, il se détermina à rester comme il était, jusqu'à ce qu'il pût rencontrer quelque chose qui lui parût plus raisonnable et plus satisfaisant. Il avait alors vingt-neuf ans.

Au milieu de ses perplexités, il quitta Carthage pour aller à Rome, où les étudiants étaient plus traitables et d'une conduite plus régulière. Il entreprit ce voyage sans avoir consulté sa mère. Il loue à cette occasion la miséricorde divine, qui se servit de ses désordres mêmes pour l'en corriger. Monique, voyant que son fils s'était embarqué malgré elle, redoubla ses prières et ses larmes, afin d'obtenir sa conversion qu'elle demandait depuis si long-temps.

Lorsque Augustin fut à Rome, il entretint toujours des liaisons avec les manichéens, et logea chez un d'entr'eux; mais simplement à cause de l'ancienne connaissance, et parce qu'il ne savait encore à quelle religion s'attacher. Peu de temps après, il tomba dans une maladie qui fit craindre pour ses jours. « Si je fusse alors parti de ce monde, disait-il depuis, je ne pouvais que tomber dans les flammes et dans les supplices que j'avais mérités par mes crimes. » Mais la santé lui fut rendue par les prières de sa mère, qui, quoique absente, et ignorant le danger où se trouvait son âme encore plus que son corps, sollicitait sa conversion auprès de Dieu. Il ouvrit à Rome une école de rhétorique, qui fut bientôt fréquentée par tout ce qu'il y avait de plus spirituel dans cette ville. On ne pouvait l'entendre sans admirer son savoir et ses talens, que la douceur de son caractère rendait infiniment aimables : d'autres voyaient avec envie la gloire qu'il acquérait dans la dispute. Mais l'injustice des étudians, qui changeaient souvent de maîtres pour priver de leur salaire ceux qui les instruisaient, le dégoûta de Rome. Sur ces entrefaites, il arriva des députés de Milan, où l'empereur Valentinien le jeune tenait sa cour ; ils venaient trouver Symmaque, préfet de Rome, qui était lui-même un grand orateur, pour lui demander un habile maître de rhétorique. Augustin ayant été fortement recommandé par plusieurs personnes de considération, et ayant d'ailleurs donné à Symmaque des preuves de sa capacité, fut choisi et envoyé à Milan.

On le reçut dans cette ville avec de grandes marques de distinction, et il justifia bientôt la haute idée que l'on avait conçue de ses talens. Saint Ambroise lui témoigna en particulier l'estime qu'il faisait de lui. Augustin, de son côté, désira faire connaissance avec lui, non comme avec un prédicateur de la vérité, qu'il n'imaginait pas pouvoir trouver parmi les catholiques, mais comme avec un homme qui lui témoignait de l'amitié, qui passait pour très-éclairé, et qui avait une très-grande réputation. Il allait souvent à ses sermons, par curiosité, pour voir par lui-même si son éloquence répondait à ce qu'on lui en avait dit. Il l'écoutait avec une attention singulière ; il trouvait dans ses discours plus d'élégance et de savoir que dans ceux de Fauste le manichéen ; mais il remarquait en même temps qu'il avait moins de grâce dans le débit. Quoiqu'il ne cherchât que ce qui flatte l'oreille, la doctrine qu'annonçait le saint archevêque de Milan faisait insensiblement impression sur son cœur, et y jetait des semences de vertu qui devaient germer dans le temps. Il commença à sentir qu'il y avait de bonnes preuves en faveur de ce qu'il entendait, et que les manichéens avaient tort de mépriser les écrits de la loi et des prophètes. Mais il n'était point encore convaincu que la cause des catholiques fût la meilleure ; et, quoiqu'il vît que les manichéens défiguraient leur doctrine, il restait toujours dans le doute, par la crainte de tomber dans un précipice. En même temps le désir d'acquérir de la réputation et des richesses, joint aux peines qu'il se donnait pour se procurer un établissement avantageux dans le monde, le jetaient souvent dans des inquiétudes cruelles. Il conserva toujours, après sa conversion, le souvenir de cet état, et il s'en servait pour s'attacher plus intimement à Dieu, qui, par sa miséricorde, l'avait enfin tiré des bras de la mort. Le trait suivant peint au naturel l'impression que faisait sur son âme l'amour d'une gloire fragile. Devant prononcer, aux calendes de janvier de l'année 385, le panégyrique de l'empereur, et du consul nouvellement élu, qu'il devait avoir pour auditeur, il ne pouvait goûter aucun repos à cause de l'incertitude du succès. Comme il passait par une des rues de Milan, il vit un mendiant qui était fort joyeux, et qui se divertissait. Il porta envie au sort de ce pauvre homme. « Toutes nos folies, dit-il à quelques amis qui l'accompagnaient, n'ont d'autre but que de nous procurer une satisfaction à laquelle nous ne parviendrons peut-être jamais, et dont ce misérable paraît jouir au moyen de quelques aumônes qu'il a ramassées aujourd'hui. Sa joie, s'écriait-il depuis, n'était pas réelle; mais celle que mon ambition cherchait, l'était-elle davantage? »

Augustin éprouvait toujours de grandes perplexités par rapport à l'origine du mal, et ressentait des peines secrètes dont Dieu seul était témoin. Il dit lui-même que le temps et les expressions lui manquent pour représenter le trouble intérieur où son âme était alors. Il avait aussi beaucoup de difficulté à concevoir que Dieu fût un pur esprit, s'étant accoutumé à le regarder comme un être corporel et étendu partout par l'empire de sa bonté, conformément au système des manichéens, différens en ce point des antropomorphites, qui se figuraient la substance divine semblable à un corps humain. Il réforma cette fausse idée qu'il avait de Dieu, en lisant les ouvrages de Platon et des autres philosophes de la même secte, où il était parlé du Verbe éternel et des substances incorporelles d'une manière plus claire et plus intelligible. Bientôt il en vint à admettre des substances spirituelles, quoique nous ne les concevions qu'imparfaitement, et que nous les exprimions par des termes analogiques, tirés des images corporelles. Il reconnut que Dieu est un pur esprit; qu'il est éternel, infini, incompréhensible, immuable, et qu'il n'y a rien d'absolument mauvais dans la création. Il crut entendre une voix qui lui criait du haut du ciel : « Je suis la viande des forts et des hommes faits : croissez, et vous vous nourrirez de moi; mais vous ne me changerez pas en vous comme il arrive aux alimens dont votre corps se nourrit; ce sera vous qui serez changé en moi. »

Il trouva que les écrits des philosophes platoniciens nourrissaient l'orgueil dans son âme; qu'ils lui inspiraient le goût d'une fausse sagesse, et qu'ils le laissaient rempli de vices sans lui apprendre à sortir de sa propre misère. N'y trouvant rien touchant le mystère de la rédemption de l'homme, il se mit à lire le nouveau Testament, surtout les épîtres de saint Paul, et il commença à y prendre un grand plaisir. Il y vit le rapport admirable de l'ancien Testament avec le nouveau, la gloire du ciel déployée dans toute sa magnificence, et la voie qu'il faut suivre pour y arriver ; il y apprit ce qu'il ressentait depuis longtemps : qu'il avait *dans ses membres une loi opposée à celle de l'esprit*, et qu'il n'y avait que la grâce de Jésus-Christ qui pût le délivrer de ce *corps de mort*. Il aperçut une différence infinie entre la doctrine de celui qui se nommait le dernier des apôtres, et celle de ces philosophes orgueilleux qui se regardaient comme les plus grands des hommes. Il ne doutait plus de la vérité et de l'excellence de la vertu prescrite par la loi divine dans l'Eglise catholique, mais ses anciens préjugés lui faisaient penser qu'il ne pouvait la pratiquer.

Dans cette incertitude, il s'adressa à Simplicien, prêtre de Milan, que le pape Damase avait envoyé à saint Ambroise afin qu'il l'instruisît. Simplicien, alors avancé en âge, aimait le saint évêque comme son père, et lui succéda depuis sur son siége. Augustin lui découvrit ce qui s'était passé en lui, et lui dit qu'il s'était mis à lire les livres des philosophes platoniciens que Victorin avait traduits en latin. Ce Victorin avait été professeur de rhétorique à Rome, et était mort chrétien. Simplicien le loua de cette lecture, et lui raconta comment il avait lui-même contribué à la conversion du professeur, et de quelle manière ce savant homme, qui était le maître de la plupart des sénateurs de Rome, et auquel on avait élevé une statue dans le Forum, avait embrassé le christianisme. La crainte de déplaire à ses amis et de s'attirer des persécutions de la part des sénateurs qui adoraient encore les idoles, lui fit différer quelque temps son baptême; mais Simplicien l'ayant encouragé, il vainquit cette tentation, foula le monde aux pieds, se fit instruire, et reçut le sacrement de la régénération. Lorsque Julien l'apostat eut défendu aux chrétiens d'enseigner les lettres et les sciences, il quitta son école avec joie.

Augustin, frappé de cet exemple, envia le bonheur de Victorin plus qu'il n'admira son courage. Mais il était encore esclave de ses passions.

« Je soupirais, dit-il, après la liberté, et j'étais arrêté, non par des liens étrangers, mais par ma propre volonté : l'ennemi s'en était rendu maître, et en avait fait une chaîne de fer dont il me tenait lié. Car cette volonté, en se déréglant, était devenue passion ; cette passion s'était tournée avec le temps en habitude et cette habitude en nécessité, faute d'y avoir résisté, et c'étaient autant d'anneaux engagés les uns dans les autres, qui composaient la chaîne avec laquelle le démon me tenait dans la servitude... Je ne pouvais plus, Seigneur, recourir au prétexte sur lequel je m'étais endormi autrefois, en croyant que tout ce que j'avais pu apercevoir de la vérité, était trop incertain pour renoncer au monde et m'attacher à vous. J'avais de ce côté-là toute la certitude que je pouvais avoir. Ainsi je succombais avec plaisir sous le fardeau du siècle, comme on se laisse aller aux charmes du sommeil, et les pensées dans lesquelles je voulais m'occuper de vous, étaient comme ces efforts que font ceux qui voudraient s'éveiller, et qui, ne pouvant surmonter l'envie qu'ils ont de dormir, se replongent dans le sommeil. J'étais comme un homme qui, sachant qu'il ne faut pas toujours dormir, connaît les avantages qu'a, selon les gens sensés, celui qui veille sur celui qui dort; mais qui, l'heure de se lever étant venue, négligerait de s'évertuer, et au lieu de chasser le sommeil, se rendrait au plaisir d'y succomber..... Je ne savais que vous répondre quand vous daigniez me dire : *Sortez du sommeil où vous êtes : tirez-vous d'entre les morts, et Jésus-Christ vous éclairera.* Et comme vous me faisiez voir de toutes parts que vous ne me disiez rien que de vrai, la conviction que j'avais de la vérité me réduisait à vous dire, comme ces paresseux qui ne sauraient s'arracher du lit : *Tout-à-l'heure, tout-à-l'heure; laissez-moi encore un moment.* Mais cette heure ne venait point, et ce moment durait toujours. »

Il arriva dans le même temps qu'un africain, nommé Pontitien, qui avait à la cour un emploi honorable, et qui était fort religieux, vint rendre visite à Augustin et à Alipius. Ayant trouvé sur la table les épîtres de saint Paul, il prit de là occasion de parler à l'un et à l'autre de la vie de saint Antoine; mais il fut fort étonné de voir que jusqu'à ce jour ils n'avaient pas même connu le nom de ce saint. Eux de leur côté marquèrent beaucoup de surprise au récit des miracles très-bien attestés qui avaient été récemment opérés dans l'Eglise catholique. Ils ne savaient pas non plus, avant leur entretien avec Pontitien, qu'il y avait hors des murs de la ville qu'ils habitaient, un monastère rempli de serviteurs de Dieu qui vivaient dans une grande ferveur sous la conduite de saint Ambroise. Pontitien, les voyant fort attentifs aux discours qu'il leur tenait sur ce sujet, leur raconta que la cour de l'empereur étant à Trèves, et le prince assistant aux spectacles du cirque qu'on donnait après midi, il prit ce temps avec trois de ses amis pour aller jouir du plaisir de la promenade dans les jardins contigus à la ville; que le hasard fit qu'ils se promenèrent deux à deux, et que lui avec son compagnon prit d'un côté, et les deux autres d'un autre; que ceux-ci, ne tenant aucun chemin assuré, étaient venus tomber auprès d'une espèce de cabane où logeaient quelques serviteurs de Dieu qui pratiquaient cette pauvreté d'esprit à laquelle le royaume des cieux est promis; qu'ils y avaient trouvé la vie d'Antoine; que l'un d'eux s'étant mis à la lire, se sentit si embrasé et si rempli d'admiration, qu'à mesure qu'il lisait, il formait le dessein d'embrasser le même genre de vie. Il était du nombre de ceux qu'on appelait *agens*, et dont la fonction consistait à ramasser les impôts, à faire les provisions pour la cour, et à exécuter certaines commissions particulières que donnait ou l'empereur ou le préfet du prétoire. Pontitien ajouta que cet officier, cédant à la violence de ses remords, rougit de son état, entra dans une sainte colère contre lui-même, se tourna vers son ami, et lui dit : « Dites-moi, je vous prie, où prétendons-nous arriver par toutes les fatigues que nous prenons ? Que cherchons-nous ? Qu'est-ce qui nous attache à la cour ? Y pouvons-nous espérer quelque chose de plus grand que l'amitié de l'empereur ? Mais quoi de plus fragile qu'une telle fortune ! En est-il même qui soit exposée à plus de périls ? Combien de dangers faut-il courir pour arriver à un état encore plus périlleux ? Quand même puis-je espérer d'y arriver ? Au lieu que si je veux, je suis ami de Dieu dès ce moment même. » Il tournait sans cesse les yeux vers le livre, éprouvant des agitations intérieures sur le choix qu'il avait à faire. En même temps son cœur changeait intérieurement, et se dégageait de l'amour du monde ; souvent il poussait de profonds soupirs ; enfin, son âme cédant aux impressions de la grâce, il prit une ferme résolution de mener une meilleure vie. « C'en est fait, dit-il à son ami, j'ai rompu pour toujours avec ce qui était l'objet de nos espérances. Je suis résolu de servir Dieu, et cela dans ce lieu et dès ce moment. Si vous ne vous sentez pas la force d'en faire autant, au moins ne vous opposez pas à mon dessein. » L'autre lui répondit qu'il ne l'abandonnerait point, et qu'il voulait partager la récompense qu'il espérait.

Sur ces entrefaites, Pontitien et son compagnon arrivèrent, et dirent aux deux autres qu'il était temps de s'en retourner. Mais étant instruits de la résolution qu'ils avaient prise, ils les en félicitèrent, et se séparèrent d'eux après s'être recommandés à leurs prières. Ceux qui restèrent dans la cabane étaient sur le point de se marier; celles qu'ils devaient épouser suivirent leur exemple, et consacrèrent à Dieu leur virginité.

Le récit de Pontitien toucha singulièrement Augustin; il vit, comme dans un miroir, sa honte et sa confusion, et il se faisait horreur à lui-même. Il avait autrefois demandé à Dieu la grâce de la continence, mais c'était pour ainsi dire en craignant d'être sitôt exaucé. « Seigneur, dit-il, tout vicieux et tout méchant que j'étais dans ma première jeunesse, je ne laissais pas de vous demander la chasteté. Donnez-moi, vous disais-je, le don de continence, mais que ce ne soit pas encore. Je craignais que vous ne fussiez trop prompt à m'exaucer, et que vous ne vous hâtassiez de me guérir, parce que j'aimais mieux satisfaire les ardeurs de la concupiscence, que de les voir éteintes. » Il commença alors à rougir et à s'attrister de ce que sa volonté avait été si faible et si partagée. Pontitien ne fut pas plutôt parti, qu'il adressa ces paroles à Alipius : « Comment pouvons-nous souffrir que des ignorans s'élèvent et emportent le ciel, tandis qu'avec toute notre science, nous sommes sans cœur et croupissons dans la chair et le sang? Rougirons-nous de les suivre parce qu'ils nous précèdent? N'y aurait-il point plus de honte à ne vouloir pas même les suivre? » Il prononça ces paroles avec un ton de voix extraordinaire, et son visage parut entièrement changé. Il se retira ensuite, et entra dans un jardin dont il avait l'usage. Alipius, étonné de son discours ainsi que de la manière pathétique avec laquelle il s'était exprimé et de l'agitation violente où il le voyait, ne le quitta point, et passa dans le jardin avec lui. Ils s'assirent le plus loin de la maison qu'ils purent. Augustin, frémissant d'indignation contre lui-même, ne se possédait point. Mais nous ne saurions mieux peindre l'état où se trouvait son âme, qu'en empruntant ses propres paroles.

« J'étais, dit-il, transporté d'indignation contre moi-même, de ce que je n'avais pas le courage de faire ce que ma raison me montrait être si avantageux et si nécessaire. Je voulais, et je ne voulais pas ; j'étais, pour ainsi dire, divisé entre moi-même et moi-même. Je secouais la chaîne dont j'étais serré, sans pouvoir la rompre, quoiqu'elle ne tînt presque à rien. Cependant, ô mon Dieu, votre miséricorde, usant d'une rigueur salutaire, me pressait au fond du cœur, et redoublait les coups que me portaient la crainte et la confusion dont j'étais rempli ; elle ne voulait pas que je cessasse de combattre, de peur que ma chaîne ne se fortifiât et ne me serrât encore plus qu'auparavant. Je disais au-dedans de moi-même : *C'est dans ce moment, c'est tout à l'heure que je vais la briser.....* Je me voyais presqu'au point où je voulais venir, j'étais près d'y toucher : cependant je n'y touchais pas encore, puisque j'hésitais de mourir à tout ce qui est une véritable mort, pour vivre de la véritable vie.... Ces amusemens frivoles, ces vanités des vanités, en un mot mes anciennes amies, me tenaient encore au cœur. Il me semblait lesvoir me prendre par la robe, et me dire tout bas : Quoi donc ! vous nous dites adieu ? Dès ce moment nous n'allons plus être à vous ? Dès ce moment telle et telle chose vous seront interdites à jamais ?... Au reste, ce n'était pas en face qu'elles s'opposaient à mon dessein ; mais murmurant d'une voix sourde à mesure que je m'éloignais, elles me tiraient par derrière pour me faire tourner la tête. Ainsi, parce que je n'avais pas la force de me retirer brusquement, de les laisser là, et de me rendre au plus vite où j'étais appelé, mon ardeur se ralentissait ; car la voix tyrannique de l'habitude me disait encore : *Penses-tu pouvoir te passer toujours d'elles ?* Mais la vue de la continence se présentait à moi du côté où je portais mes regards, où je craignais de me rendre..... Elle m'invitait d'aller à elle ; elle me tendait les bras pour m'embrasser et m'incorporer dans cette multitude de saints dont elle me proposait l'exemple, et qu'elle tenait aussi embrassés. J'y voyais une infinité de personnes de tout âge, des enfans, des jeunes gens, des filles, des veuves respectables, et des vierges qui avaient vieilli dans la chasteté. Je remarquais surtout que dans ces saintes âmes la continence n'était pas demeurée stérile ; mais que l'honneur, ô mon Dieu, qu'elle ont de vous avoir pour époux était le germe céleste des délices dont elles sont inondées. D'où la continence prenait occasion de me dire d'un ton ironique propre à m'encourager : *Quoi ! vous ne pourrez pas ce qui est possible à tant d'autres que vous voyez ? Est-ce par eux-mêmes, plutôt que par la grâce du Seigneur leur Dieu qui m'a donnée à eux, qu'ils le peuvent ? Pourquoi vous appuyez-vous sur vous-même, puisqu'il n'y a aucun fond à faire sur vous ? Jetez-vous entre les bras du Seigneur ; ne craignez point qu'il se retire, et vous laisse tomber. Jetez-vous y hardiment, il vous recevra et guérira vos plaies.* Je rougissais de honte de ce que je balançais encore, et des murmures que les niaiseries qui me retenaient toujours excitaient au fond de mon cœur. Sur quoi la continence me disait : *N'écoutez point ces monstres impurs : les délices qu'ils vous promettent ne sont point comparables à celles que vous trouverez dans la loi de votre Dieu.* »

La tempête croissant de plus en plus dans son âme, par la considération de ses misères dont il voyait toute la difformité; il sentit qu'un torrent de larmes allait couler de ses yeux; et comme on pleure plus librement lorsqu'on est seul, il se leva d'auprès d'Alipius qui le regardait avec un grand étonnement. Il s'éloigna de lui autant qu'il le fallait pour n'être pas contraint; puis, s'étant jeté par terre sous un figuier, il donna un libre cours à ses larmes qui coulèrent avec beaucoup d'abondance : « Jusques à quand, Seigneur, s'écriait-t-il, jusques à quand serez-vous irrité contre moi? Ne vous souvenez plus de mes iniquités passées. » Sentant ce qui le retenait encore, il poussait de profonds soupirs, et se faisait à lui-même le reproche suivant : « Jusques à quand, jusques à quand dirai-je à demain, à demain? Pourquoi ne serait-ce pas aujourd'hui? Pourquoi dès ce moment ne mettrais-je pas fin à mes infamies? » Tandis qu'il parlait de la sorte, le cœur percé de douleur, et pleurant amèrement, il entendit dans une maison voisine une voix comme celle d'un enfant, qui disait en chantant : *Prenez et lisez, prenez et lisez.* Aussitôt il changea de visage, et se mit à penser s'il n'y aurait pas quelque jeu où les enfans avaient coutume de chanter ces paroles; et comme il ne lui vint pas dans la pensée d'avoir entendu parler de rien de semblable, il arrêta le cours de ses larmes, et se leva, dans la pensée que c'était un avertissement du ciel. Il se rappela en même temps que saint Antoine s'était converti en entendant lire un passage de l'Évangile. Il retourna donc promptement à l'endroit où Alipius se tenait encore, et où il avait laissé les épîtres de saint Paul. Ayant pris le livre, il l'ouvrit, et lut en silence ces paroles, sur lesquelles il porta d'abord les yeux : *Ne passez pas votre vie dans les festins et l'ivrognerie, ni dans la débauche et l'impureté, ni dans un esprit d'avarice et de contention; mais revêtez-vous de notre Seigneur Jésus-Christ, et gardez-vous de satisfaire les désirs déréglés de la chair.* Il n'en voulut pas lire davantage; aussi cela n'était-il pas nécessaire. En effet, il n'eut pas plus tôt achevé la lecture de ce verset, qu'un rayon de lumière vint rétablir le calme dans son cœur et dissiper tous les nuages qui causaient ses doutes.

Ayant fermé le livre, après avoir toutefois marqué l'endroit où était le passage, il se tourna vers Alipius avec un visage tranquille, et lui dit ce qui lui était arrivé. Alipius voulut voir le passage; il le lut, ainsi que ces paroles qui viennent ensuite, *recevez avec charité celui qui est encore faible dans la foi*, et il se les appliqua à lui-même. Comme il était d'un caractère heureux et naturellement porté à la vertu, il entra sans hésiter dans la résolution que venait de prendre son ami.

Ils se retirèrent tous deux, et allèrent raconter à Monique ce qui venait d'arriver. Cette sainte en fut transportée de joie. Elle avait suivi son fils en Italie, et était venue à Milan peu après que son fils eut quitté le manichéisme, mais avant qu'il se fût déclaré pour la doctrine de l'Eglise catholique. Augustin avait pensé jusque-là que la vie était insupportable sans les plaisirs des sens. Quand il fut devenu catholique, et qu'il eut pris la résolution de mener une vie vertueuse, il pensa à s'engager dans le mariage, dans la persuasion que la chasteté conjugale était la seule possible pour lui. Alipius, qui n'avait jamais suivi les désirs corrompus de la chair, ne pouvait revenir de sa surprise à la vue de la grossièreté des inclinations de son ami. Mais cette surprise même devint pour lui le principe d'une tentation délicate, dont il fut délivré par la miséricorde divine. Monique avait ménagé à son fils un parti avantageux, et son choix était tombé sur une personne qui ne pouvait manquer de lui plaire. Mais quand Augustin fut parfaitement converti, il résolut de vivre dans une continence absolue, et l'expérience lui fit connaître la vérité de ces maximes : « Ce n'est point parce que les choses sont difficiles que nous n'osons y tendre; mais elles nous paraissent difficiles, parce que nous n'avons pas le courage de les entreprendre !... Commencer, c'est avoir fait la moitié de l'ouvrage. »

Transporté depuis d'une sainte joie de ce qu'il avait été affranchi de ses chaînes, il faisait ainsi éclater sa reconnaissance : « Quelle volupté ne trouvai-je pas tout à coup à me priver de celles qui n'étaient que de vains amusemens, et dont la privation, qui avait d'abord causé mes craintes, s'était changée en plaisirs! Vous les chassiez vous-même de mon cœur, douceur véritable et souveraine; vous les chassiez et vous entriez à leur place, suavité supérieure à toutes les voluptés, mais inconnue à la chair et au sang ! lumière qui éclipsez toutes les autres, et qui êtes intime à tout ce qu'il y a de plus intime ! grandeur qui êtes inaccessible à ceux qui sont grands à leurs propres yeux ! Alors mon esprit était libre des soins cuisans qui déchirent ceux qui courent après les honneurs, les biens et les plaisirs des sens, et je faisais mes délices de m'adresser à vous qui êtes ma gloire, mes richesses, mon Sauveur, mon Seigneur et mon Dieu. »

L'exemple d'Augustin prouve que personne ne doit désespérer de son salut. Le pécheur gémissant sous le poids de l'habitude la plus invétérée ne doit point se décourager : il faut, il est vrai, résister à la corruption de la nature; mais ce combat se change à la fin en une heureuse liberté et en une joie inexprimable. Le véritable chrétien veille sur lui-même, pour ne pas contracter d'habitude vicieuse; il sait que la moindre étincelle peut produire un grand embrasement, et qu'une passion dont on a suivi les premières saillies, finit par exercer sur le cœur l'empire le plus tyrannique.

Augustin se convertit au mois d'août ou de septembre de l'année 386, dans la trente-deuxième année de son âge. Il se détermina dès lors à quitter son école et à cesser d'enseigner la rhétorique : mais il différa l'exécution de ce dessein jusqu'aux vacances, qui devaient arriver dans quelques semaines. Il se retira à la campagne près de Milan, avec son ami Vérécundus, qui était professeur de grammaire dans cette ville, et qui, peu de temps après, renonça au paganisme et reçut le baptême. Il fut encore accompagné dans sa retraite par sainte Monique sa mère, par Navigius son frère, par Adéodat son fils, par Alipius son principal confident, par Trigèce et Licentius ses disciples, et par Lastidien et Rustique ses parens. Là, il s'occupait uniquement de la prière et de l'étude; et ces deux exercices unis ensemble se soutenaient mutuellement : son étude était même une espèce de prière, par les pieux sentimens qui régnaient dans son cœur. Pour soumettre parfaitement ses passions, détacher son âme des choses créées, et devenir une créature nouvelle en Jésus-Christ, il pratiquait les austérités de la pénitence, veillait sur son cœur et sur ses sens avec la plus grande exactitude, et priait avec autant d'assiduité que de ferveur. Il pleurait amèrement sur ses misères spirituelles, et conjurait le Seigneur de lui tendre une main secourable, et de guérir ses plaies. « O mon Dieu ! s'écriait-il, toute mon espérance est dans la grandeur de votre miséricorde..... Vous me commandez la continence ; donnez-moi ce que vous me commandez, et commandez-moi ce que vous voulez. Je sais que personne ne peut avoir cette vertu, si Dieu ne la lui donne. » Le principal objet de ses prières était la pureté du cœur et la divine charité. Il désirait aimer Dieu de toute sa force et de tout son pouvoir, à chaque moment de sa vie, et l'aimer toujours de plus en plus, afin de réparer, autant qu'il lui serait possible, le temps précieux qu'il avait perdu. « Que j'ai commencé tard à vous aimer, disait-il, ô beauté si ancienne et si nouvelle ! que j'ai commencé tard !.... Vous étiez avec moi, et je n'étais point avec vous.... Vous avez bien voulu m'appeler, et le cri que vous avez fait a forcé ma surdité.... Vous m'avez touché, et mon cœur tout en feu n'a cherché que vos embrassemens. Ce n'est point vous aimer assez, que d'aimer avec vous quoi que ce soit qu'on n'aime point à cause de vous. O amour, dont le feu brûle toujours et ne s'éteint jamais! O charité, qui êtes mon Dieu, embrasez-moi! » En un mot, il mesurait la ferveur de son amour pour Dieu, sur la grandeur des misères dont la grâce l'avait délivré.

Son humilité n'était pas moins admirable, et tous ses écrits portent l'empreinte de cette vertu. On voit dans le dixième livre de ses confessions, que sa principale étude était de se prémunir contre l'orgueil et contre cet amour de la vaine gloire, qui se trouve quelquefois même dans les efforts que l'on fait pour l'éviter. Il s'appliquait sans relâche à contenir dans les bornes les plus étroites du devoir, sa langue, ses yeux, ses oreilles, ses autres sens, et surtout celui du goût. « L'excès du vin, dit-il, est un défaut où je ne tombe point, et j'espère que votre grâce voudra bien toujours m'en préserver. Pour l'excès des viandes, j'y donne quelquefois; mais j'espère que vous ne permettrez plus que je m'y laisse aller.... Un soldat de la milice céleste dit : *Je puis tout en celui qui me fortifie.* J'en ai entendu un autre faire cette prière : *Eloignez de moi l'intempérance de la bouche....* Quel est celui, ô mon Dieu, qui ne passe un peu les bornes de la pure nécessité? Quel qu'il soit, il est grand : qu'il glorifie votre nom. Pour moi, qui suis un pécheur, je ne suis point arrivé là. » Il ne perdait jamais de vue la maxime de l'Evangile et de saint Paul, fortement inculquée par saint Jean Climaque, par saint Isidore, et par les autres maîtres de la vie spirituelle : qu'il faut retrancher toutes les passions charnelles, et préparer l'âme à recevoir les affections célestes par la pratique de l'abstinence et de la sobriété. « Comme une source divisée en plusieurs canaux se répand, dit saint Basile, sur toute la surface d'un jardin, et couvre de verdure tous les lits de gazon ; de même l'appétit de la gourmandise, s'il se répand dans les veines du cœur; y fait croître une foule de mauvais désirs, et fait de l'âme un repaire de bêtes sauvages. »

Augustin avait contracté dans le monde l'habitude de jurer. Après sa conversion, il exhortait les autres à ne pas tomber dans ce vice horrible; il les en détournait par son propre exemple, et leur racontait de quelle manière il s'en était corrigé. « Nous étions, dit-il, autrefois engagés dans cette basse et criminelle habitude : mais, quand nous commençâmes à servir Dieu, et à sentir toute l'énormité du jurement, nous fûmes saisis d'une grande crainte, et cette crainte nous servit de frein.... Inutilement diriez-vous que l'habitude vous entraîne : veillez sur vous-mêmes, et vous vous en corrigerez. Plus elle est invétérée, plus elle mérite d'attention. La langue est un membre très-mobile; soyez donc attentifs à contenir sa mobilité..... Si vous la réprimez aujourd'hui, il vous sera plus facile de la réprimer demain. Je parle d'après l'expérience. Si votre victoire n'est pas complète demain, vous aurez du moins acquis de la facilité à vaincre, par les efforts que vous aurez faits la veille. Le vice meurt en trois jours. Nous nous réjouirons du grand fruit que nous retirerons, et de l'avantage d'être délivrés d'un tel mal... Je sais, dit-il ailleurs, qu'il est difficile de rompre une habitude; je l'ai éprouvé moi-même: mais par la crainte de Dieu, nous avons rompu celle de jurer. Quand je lisais sa loi, j'étais saisi de frayeur, je combattais contre mon habitude, j'invoquais le Seigneur en qui je mettais ma confiance, et il m'accordait son secours, afin que je ne jurasse plus. Présentement rien ne me paraît plus facile que de ne point jurer.

Augustin avait coutume, après la prière du matin, de se promener avec ses amis, auxquels il faisait des conférences sur des sujets importans, et il les rédigeait ensuite par écrit pour l'utilité de ses disciples. Monique, qui avait soin de l'intérieur de la maison, y assistait, et y donnait souvent des preuves de la beauté et de la solidité de son esprit. Le but que s'y proposait Augustin, était d'accoutumer peu à peu ses amis à s'élever dans toutes leurs études, des choses sensibles aux choses spirituelles. Il avait un grand soin de leur apprendre à mourir à eux-mêmes. En voici un exemple : Trigèce, en disputant, avait avancé quelque chose qui ne lui faisait point d'honneur, et il demanda qu'on ne l'écrivît point. Licentius, son antagoniste, voulait au contraire qu'on le mît par écrit, afin de mieux constater la victoire qu'il avait remportée. Augustin ne put retenir ses larmes à la vue de leur vanité; il blâma la conduite de l'un et de l'autre, et pria Dieu de guérir l'enflure de leurs cœurs. Trigèce et Licentius, confus de leur faute, voulurent que l'on écrivît toute leur dispute, afin de faire connaître le tort qu'ils avaient eu l'un et l'autre.

L'amour des richesses et des honneurs était entièrement éteint dans le cœur d'Augustin. Il n'était pas même tenté de désirer de manger ce qu'il s'était interdit. Il s'était déterminé, entr'autres choses, à fuir la compagnie des femmes. Il éprouvait cependant encore quelquefois des tentations, par rapport au vice honteux dont il avait été si longtemps l'esclave. Mais, aussitôt qu'elles se faisaient sentir, il était pénétré d'une grande confusion; il versait un torrent de larmes, et se jetait entre les bras de celui qui pouvait le guérir. Lorsque, dans sa solitude, il vaquait aux exercices de la pénitence et de la prière, Dieu, par sa grâce, le délivrait de l'orgueil de l'esprit et de la vanité de ses pensées, et lui faisait sentir de plus en plus la grandeur de sa misère et la profondeur des plaies dont il avait été délivré. Il lisait les psaumes de David avec une dévotion singulière. Chaque mot de ces divins cantiques était comme un trait de feu qui pénétrait son âme, qui la remplissait de force, de douceur et de consolation. Brûlant alors d'amour pour Dieu, il eût voulu faire entendre la voix du prophète roi à tous les hommes, afin de les guérir de leur orgueil. Il aimait particulièrement à réciter le psaume quatrième, dont il a donné une paraphrase très-pieuse dans ses confessions. Il ne pouvait assez déplorer l'aveuglement et le malheur des manichéens, qui se privaient des avantages que procurent les hymnes dictées par le Saint-Esprit. Que ne pensait-il pas de ceux qui les récitent sans penser à Dieu, dont la bouche est souvent démentie par le cœur, et qui sont tout remplis de présomption et d'orgueil, tandis qu'ils font des protestations de douleur et d'humilité! Ils attirent sur eux les malédictions prononcées contre les amateurs de la vanité et de l'iniquité; au lieu d'honorer Dieu, ils l'insultent, puisque leurs prières ne partent point du cœur. Augustin, toujours embrasé d'amour, et le cœur brisé de componction, trouvait, dans chaque mot des psaumes, une nouvelle lumière, et une douceur supérieure à celle du miel; il s'attristait sur le sort de ceux qui étaient sourds et morts spirituellement : semblable au psalmiste, il séchait de douleur à la vue des ennemis de la vérité, et désirait ardemment qu'ils rentrassent dans le vrai chemin.

Vers le même temps, il fut pris d'un mal de dents, qui, par degrés, devint si violent, qu'il lui était impossible de parler. Il écrivit sur des tablettes, qu'il conjurait ses amis de demander pour lui à Dieu la santé du corps et de l'âme. Il se mit à genoux pour prier avec eux;

et à peine la prière fut-elle commencée, qu'il se sentit tout-à-coup délivré de son mal. Cette manifestation extraordinaire de la puissance céleste le transporta de la plus vive reconnaissance : il espéra plus que jamais que Dieu, qui peut nous tirer de l'abîme de la misère, le purifierait de ses péchés dans le sacrement du baptême, qu'il devait bientôt recevoir.

Il se rendit à Milan au commencement du carême de l'année 387, afin de se faire inscrire parmi les *compétens*, ou ceux qui se préparaient à la régénération. Il ne le cédait point à Alipius qui, selon lui, vaquait, avec une ferveur extraordinaire, aux exercices usités en pareille circonstance, et qui affligeait son corps par diverses macérations. Il fut baptisé par saint Ambroise, le 28 avril, veille de Pâques de la même année, et partagea ce bonheur avec Alipius et avec son fils Adéodat, qui était alors âgé d'environ quinze ans. Il n'eut pas plus tôt reçu le baptême, qu'il se sentit délivré de toute inquiétude par rapport à sa vie passée. La considération des conseils de Dieu, touchant le salut des hommes, le remplissait d'étonnement et de joie. Le chant des hymnes de l'Eglise l'attendrissait souvent jusqu'aux larmes; et, dans ces momens, le Saint-Esprit opérait quelquefois en lui des effets extraordinaires.

Peu de temps après la découverte des reliques de saint Gervais et de saint Protais, où il fut témoin de plusieurs guérisons miraculeuses, il résolut de retourner en Afrique, pour se consacrer entièrement au service de Dieu dans la solitude. Mais il voulut, avant de quitter l'Italie, faire un voyage à Rome, et il resta dans cette ville avec sa mère et plusieurs de ses amis, depuis le mois d'avril jusqu'au mois de septembre suivant. De là il se rendit à Ostie, dans l'intention de s'embarquer pour l'Afrique; mais il en fut empêché par la mort de sa mère, qui arriva avant le 13 novembre 387. Il retourna à Rome, et y resta jusqu'à l'année suivante. Il y commença divers ouvrages, qu'il acheva depuis dans sa patrie,

Il n'arriva à Carthage que vers le mois

de septembre de l'année 388. Il logea quelque temps chez un avocat d'une grande vertu, qui se nommait Innocent. Celui-ci était attaqué d'une fistule dont plusieurs opérations n'avaient pu le délivrer; on devait lui en faire une nouvelle qui était fort dangereuse. Innocent demandait instamment à Dieu la grâce d'être délivré de ce danger. Saturnin, évêque d'Uzale, Aurélius, qui fut depuis élevé sur le siége de Carthage, et plusieurs autres ecclésiastiques qui lui rendaient de fréquentes visites, et qui étaient alors présens, se mirent à genoux pour prier avec lui. Augustin, qui était dans la compagnie, rapporte que les chirurgiens étant venus le lendemain, celui qui devait faire l'opération défit les bandages, trouva la plaie parfaitement guérie, et couverte d'une cicatrice très-ferme.

Le séjour du saint à Carthage ne fut pas long. Il se retira dans une maison qu'il avait à la campagne, avec quelques amis qui étaient animés des mêmes sentimens que lui. Il y passa près de trois ans dans un entier détachement de toutes les choses de la terre, dans la pratique de l'oraison, du jeûne et des autres exercices de la pénitence, méditant nuit et jour la loi du Seigneur, et instruisant les autres par ses discours et ses ouvrages. Il donna son patrimoine à l'église de Tagaste, à condition, seulement, que l'évêque lui fournirait annuellement ce qui était nécessaire pour sa subsistance et pour celle de son fils, dans l'état qu'ils avaient embrassé. Tout était en commun parmi ces nouveaux religieux, et la maison se chargeait de pourvoir aux besoin de chacun. Augustin n'avait absolument rien en propre; il avait aliéné jusqu'à la maison dans laquelle il demeurait. L'ordre des ermites, dits *de saint Augustin*, date de là son origine.

Lorsque Augustin eut été ordonné prêtre, il se retira à Hippone, et plusieurs de ses religieux l'y suivirent. Il fonda dans cette ville, avec le secours de l'évêque Valère, une nouvelle communauté; et saint Paulin en salua les membres dans la lettre qu'il écrivit à Augustin, en 394. Il sortit de ce monastère un grand nombre d'évêques, qui, par leur savoir et par la sainteté de leur vie, furent l'ornement de l'église d'Afrique : tels furent entr'autres, Alipius de Tagaste, Evode d'Uzale, Possidius de Calame, Profuturus et Fortunat de Cirthe, Sévère de Milève, Urbain de Sicca, Boniface et Pérégrin.

Le saint fonda aussi depuis un monastère de religieuses, et il en confia le gouvernement à sa sœur, qui renonça au monde lorsqu'elle fut devenue veuve. Après la mort de cette première abbesse, Félicité, la plus âgée des religieuses, fut désignée, par le plus grand nombre, pour lui succéder. Les dissidentes voulant une autre supérieure, la division se mit dans la communauté; mais Augustin l'apaisa dans sa naissance par deux lettres qu'il adressa à Félicité, à Rustique, directeur du monastère, et à toutes les religieuses. Dans la première, il exhortait fortement les sœurs à l'union, à la régularité, à l'exercice de la prière publique, au jeûne, à la pauvreté, et il leur recommandait une prompte obéissance à l'abbesse et au prêtre. La seconde contient un corps de règles monastiques, qui a été aussi adopté par les religieux qui regardent saint Augustin comme le fondateur de leur ordre, tels que les ermites et les chanoines réguliers de son nom. Les uns et les autres y ont cependant ajouté quelques constitutions particulières.

Le saint fondateur insiste spécialement sur la pauvreté, l'obéissance et la modestie. Il défend aux personnes qui suivent sa règle de se regarder fixement les unes les autres, fussent-elles du même sexe, parce que ces sortes de regards annoncent une espèce d'immodestie et d'impudence ; il veut que l'on punisse cette faute avec sévérité, mais que l'on traite cependant avec plus de douceur les coupables qui s'accuseront eux-mêmes. Il insiste beaucoup sur l'humilité. « L'orgueil, dit-il, cherche à se mêler à nos bonnes œuvres, pour nous en ôter le mérite. Et de quoi nous servira-t-il de donner nos biens aux pauvres, et de devenir pauvres nous-mêmes, si notre âme devient plus orgueilleuse en méprisant les richesses, qu'elle ne l'était en les possédant. »

Durant sa retraite, Augustin perdit son fils Adéodat, jeune homme qui donnait les plus belles espérances. Il ne se consola de sa mort que par l'espérance qu'elle lui avait servi de passage à une meilleure vie, et qu'elle était arrivée dans la ferveur du sacrifice qu'il avait fait de lui-même au Seigneur.

Notre saint joignait à la prière l'étude de l'Ecriture. Il en avait trouvé le style bas dans sa jeunesse, où il ne pouvait souffrir aucun livre écrit en latin, à moins qu'il n'y trouvât l'élégance de Cicéron. Mais, à force de la lire, il changea de sentiment, et désavoua sa fausse délicatesse. Il reconnaît, dans ses livres *de la Doctrine chrétienne*, qu'il y a un sens plus profond dans les prophètes et dans saint Paul, que dans les plus sublimes orateurs de l'antiquité; que l'apôtre est infiniment plus persuasif qu'eux, et que le torrent de son éloquence entraîne les lecteurs qui font la moindre attention. Il observe qu'il y a cette différence entre saint Paul et les plus célèbres orateurs, que ceux-ci couraient après les ornemens étudiés, au lieu que la sagesse de l'Apôtre ne les recherchait jamais, qu'ils s'offraient eux-mêmes et qu'ils suivaient naturellement sa sagesse. Lorsqu'il dédaigne de faire usage de l'art oratoire, et qu'il déclare que sa prédication n'est point appuyée sur le langage persuasif de la sagesse humaine, il le fait avec une noble simplicité, mais où l'on trouve quelque chose d'infiniment plus sublime que dans les plus grands efforts du génie des hommes.

Il y avait près de trois ans qu'il vivait retiré dans le voisinage de Tagaste, lorsqu'un des agens de l'empereur à Hippone, ville maritime et peu éloignée du lieu de sa retraite, le pria de venir le voir, pour conférer avec lui sur l'état de son âme. Augustin ne pouvait guère lui refuser cette grâce, parce que c'était un homme de grande considération, et qui était fort estimé pour sa probité. Il avait soin de ne point aller dans les villes dont les siéges étaient vacans, de peur qu'on ne l'élût pour les remplir. Mais, dans cette circonstance, il ne paraissait pas qu'il dût avoir d'inquiétude à cet égard, parce qu'il y avait un évêque à Hippone. Il partit donc sans s'imaginer qu'il eût rien à craindre. On vit bientôt l'effet d'un discours que Valère, évêque d'Hippone, avait fait au peuple sur la nécessité où il se trouvait d'ordonner un prêtre pour l'aider dans ses fonctions.

Un jour donc qu'Augustin entrait dans l'église, les fidèles se saisirent de lui, et le présentèrent à Valère, demandant avec de grands cris qu'il lui imposât les mains. Le saint fondait en larmes à la vue du danger qui accompagne l'exercice des fonctions du sacerdoce; mais il fut obligé d'acquiescer à la demande du peuple, et il reçut la prêtrise vers la fin de l'année 390. Les désordres de sa jeunesse l'auraient rendu inhabile à la réception des saints ordres, s'ils n'avaient eté antérieurs à son baptême : mais, depuis sa conversion, il était devenu un homme tout nouveau, et il se distinguait alors encore plus par sa piété que par son savoir.

Revenu de sa surprise, il engagea ses

amis à demander à Valère qu'il lui permît de respirer quelque temps, et de se préparer, dans la solitude, à l'exercice des fonctions sacerdotales. Il lui en fit lui-même la prière dans une belle lettre, où il condamne indirectement la présomption et la témérité de ceux qui osent s'ingérer eux-mêmes dans le ministère. « Il n'y a rien, dit-il, de plus agréable, selon le monde, que la charge d'évêque, de prêtre ou de diacre, lorsqu'on s'en acquitte sans zèle et par routine; mais, devant Dieu, il n'y a rien de plus misérable en soi, rien de plus criminel, de plus injuste. D'un autre côté, il n'y a rien dans la vie où il se rencontre plus de difficultés, de travail et de dangers; mais il n'y a rien aussi qui plaise tant à Dieu, si l'on s'y comporte de la manière qu'il le demande. » Il avoue que, quoiqu'il eût été persuadé précédemment de cette vérité, elle le frappait beaucoup plus que quand il la considérait dans le lointain; il craignait que Dieu n'eût permis son élévation au sacerdoce pour le punir de ses péchés. « O Valère, mon père, continue-t-il, vous voulez donc me faire périr? Où est votre charité? M'aimez-vous? Aimez-vous votre église? Mais je suis sûr que vous m'aimez, et votre église aussi.... Il me manque bien des choses pour remplir mes devoirs, et je ne peux me les donner à moi-même; mais on les obtient, selon l'avis de notre Seigneur, en demandant, en cherchant et en frappant; c'est-à-dire, par la prière, par la lecture et par les larmes. » Il paraît que Valère eut égard à sa demande, et qu'il le laissa sans l'employer jusqu'à la fête de Pâques suivante; du moins ce fut dans ce temps-là qu'il prononça son premier sermon.

Valère était grec de naissance, et ne parlait latin qu'avec beaucoup de difficulté. Ce fut ce qui le détermina à charger Augustin du soin de prêcher en sa présence. Les évêques orientaux avaient coutume d'en agir de la sorte; mais, jusque-là, leur exemple n'avait point été suivi en occident. Valère, cependant, ne laissait pas de prêcher quelquefois lui-même.

Augustin voulant continuer le genre de vie qu'il avait embrassé depuis sa conversion, l'évêque d'Hippone lui donna ses jardins, qui étaient contigus à l'église, et l'on y bâtit une maison pour ses moines. Il ne faut point confondre cette communauté avec celle des clercs réguliers qu'il établit dans son propre palais lorsqu'il fut évêque.

Persuadé que l'instruction du troupeau est le principal devoir d'un pasteur, il ne cessa, depuis ce temps-là, de prêcher jusqu'à sa mort. Nous avons de lui près de quatre cents sermons ; il est vrai qu'il y en a plusieurs qu'il n'a point écrits, mais ils le furent par ses auditeurs. Ce sont moins des discours réguliers et composés selon toutes les règles de l'art, que des instructions familières, où il y a peu de préparation de la part de celui qui les débitait. Le saint proposait simplement la vérité, la revêtait d'expressions agréables, et l'imprimait dans l'esprit par le moyen de quelques pensées vives et subtiles. Cette espèce d'éloquence était de beaucoup inférieure à celle des Pères grecs du même siècle : mais elle était adaptée au génie des Africains ; ils écoutaient de semblables discours avec de grandes acclamations, et en étaient souvent touchés jusqu'aux larmes.

Saint Augustin connaissait parfaitement les règles essentielles de l'éloquence. Il dit, dans les instructions qu'il donne aux orateurs sacrés, qu'un discours doit être simple et naturel; que l'art ne doit point s'y montrer, et que, s'il est trop travaillé, il fait tenir les auditeurs sur leurs gardes. Il s'exprime avec beaucoup de justesse sur la nécessité d'être simple et familier, qualités qui ne sont point incompatibles avec cette dignité qu'exige la religion. Il distingue trois sortes de style : le style *simple*, qui présente les choses d'une manière familière; le style *tempéré*, par lequel l'orateur s'insinue doucement dans le cœur pour y porter l'amour de la vertu; le style *sublime*, qui, par la force et la hardiesse de ses traits, enlève l'auditeur, et l'arrache à la tyrannie de ses passions. Cette sublimité, qui consiste dans des mouvemens pathétiques, lui paraissait préférable à toutes les fleurs et à tous les ornemens du discours. Au reste, un orateur, qui suit l'impression du génie, ne cherche point les termes propres à rendre ses pensées; il se sert de ceux qui naissent naturellement du sujet qu'il traite. Si saint Augustin ne parle pas la langue latine aussi purement qu'on la parlait du temps d'Auguste, c'était la faute de son siècle. Au moins ceux qui le jugeront avec impartialité conviendront-ils qu'il avait un talent rare pour persuader. Il annonce partout une grande pénétration; on admire en lui la noblesse des pensées et l'élévation des sentimens; sa manière de s'exprimer est touchante et affectueuse. Il se montre habile dans la connaissance du cœur humain, et ses raisonnemens sont, en général, pleins de force. Il est vrai que, dans ses discours de morale, il explique souvent l'Ecriture dans un sens allégorique, qui est toujours arbitraire, et qui sert plutôt à éclaircir les vérités qu'à les prouver : en quoi il suivait Origène, les Thérapeutes et les Juifs des derniers temps. Aussi estime-t-on plus à cet égard les discours de saint Chrysostôme et ceux des autres Pères qui ont expliqué les livres saints dans le sens littéral. Saint Augustin donna dans les interprétations allégoriques, par la facilité qu'il y trouvait d'appuyer les instructions qu'il jugeait nécessaires à son peuple. Quant à certains défauts qu'on reproche aux orateurs de son temps, il les connaissait lui-même; mais, supérieur aux règles ordinaires, il se conforma au goût de son siècle, afin d'insinuer plus sûrement les vérités de la religion dans l'esprit de ses auditeurs, en se faisant écouter d'eux avec plaisir. Au reste, quelque familier qu'il soit dans ses discours, il est presque toujours sublime.

L'éloquence de Cicéron ne produisit jamais des effets aussi surprenans que celle de saint Augustin. Nous en citerons deux exemples. Le saint rapporte le premier dans une lettre à son ami Alipius. On avait coutume de célébrer les agapes dans les églises ou dans les cimetières, sur les tombeaux des martyrs ou des autres saints. Mais il arrivait souvent que l'on ne gardait pas les règles de la sobriété chrétienne dans ces repas que la charité avait primitivement introduits. Les pasteurs gémissaient de cet abus, et saint Augustin écrivit avec beaucoup de force à Aurélius, archevêque de Carthage, afin de l'exhorter à le faire proscrire par un concile. Le peuple d'Hyppone était fort attaché à la célébration de ces agapes, et s'appuyait sur l'ancienneté de cette cérémonie. Saint Augustin, qui était alors prêtre, lui lut les menaces les plus terribles des prophètes. « Il conjura ensuite ses auditeurs par les ignominies, les souffrances, la croix et le sang de Jésus-Christ, de ne pas se perdre eux-mêmes, d'avoir pitié de celui qui leur parlait avec tant d'affection, et de montrer quelque respect pour leur vénérable évêque, qui, par tendresse pour eux, l'avait chargé de leur annoncer la vérité. Je ne les excitai point à pleurer, dit-il, en pleurant moi-même le premier; leurs larmes prévinrent les miennes. Je ne fus plus maître de moi. Quand nous eûmes pleuré ensemble, je les entretins de l'espérance que je concevais de leur changement. » Il eut effectivement la satisfaction de voir le peuple corrigé dès ce jour.

L'autre exemple est encore plus remarquable, et c'est aussi le saint qui le rapporte. Il y avait à Césarée en Mauritanie une coutume contraire aux lois de la nature et de l'humanité. Les pères et les enfans, les frères et les plus proches parens, se battaient plusieurs jours à coups de pierres, dans un certain temps de l'année. Ce combat, qui se faisait publiquement, était un spectacle auquel le peuple prenait un grand plaisir. Il était conséquemment bien difficile de l'en détourner. « Je me servais, dit saint Augustin, de tout ce que j'avais d'habileté ; j'employais les expressions les plus touchantes pour extirper un abus aussi cruel et aussi ancien. Je pensais n'avoir rien fait, tandis que je n'entendais que des acclamations. Ils n'étaient point persuadés, tant qu'ils s'amusaient à donner des applaudissemens aux discours qu'ils entendaient; mais leurs larmes me firent concevoir quelque espérance, et me montrèrent que leurs esprits étaient changés. Lorsque je les vis pleurer, je crus que cette horrible coutume serait abolie..... Il y a présentement huit ans que, par la grâce de Dieu, il ne s'est rien fait de semblable. »

Ce Père, dans les sermons que contient le cinquième tome de ses œuvres, revient souvent sur la nécessité de méditer assidûment sur les fins dernières. « Que savez-vous, dit-il, si vous êtes éloigné ou non du jour de votre mort? » Il exhorte fortement à la pénitence. « Le péché, dit-il, doit être puni ou par le pécheur pénitent, ou par un Dieu vengeur du crime. Dieu, qui a promis le pardon au pécheur pénitent, ne lui a point promis de délai pour se convertir, ni de lendemain pour faire pénitence. » Il parle souvent de l'obligation de faire l'aumône, et des avantages qu'elle procure. Il ajoute que la violation de ce précepte est la cause de la damnation du plus grand nombre de ceux qui périssent, puisque Jésus-Christ ne parle que de ce crime dans la sentence qui au dernier jour fixera éternellement le sort des élus et des réprouvés.

Il fait une mention fréquente du purgatoire, et recommande la prière et le sacrifice pour le repos de l'âme des fidèles défunts. Il parle d'images qui représentaient le Sauveur, saint Etienne, saint Pierre et saint Paul, le sacrifice d'Abraham, et du respect qui est dû au signe de la croix. Il rapporte des miracles opérés par ce signe sacré, ainsi que par les reliques des martyrs. Dans la plupart de ses sermons *sur les saints*, il traite souvent de l'honneur que nous devons rendre aux martyrs, mais il a soin de remarquer que c'est à Dieu seul que nous élevons des autels et que nous offrons des sacrifices. Il s'adresse lui-même à saint Cyprien et aux autres serviteurs de Dieu qui avaient versé leur sang pour la foi, afin d'implorer le secours de leur intercession. La raison qu'il en apporte, « c'est que les martyrs qui sont avec Jésus-Christ intercèdent pour nous, et que nous ressentons l'effet de leurs prières, tant que nous continuons nos soupirs. »

Il prêchait toujours en latin, langue qui était entendue à Hippone. Il y avait cependant des paysans à la campagne qui n'entendaient que le punique, ce qui rendait leur instruction difficile, parce qu'on avait beaucoup de peine à trouver des prêtres qui pussent parler leur langue. Son assiduité au ministère de la parole était continuelle; il prêchait quelquefois tous les jours et souvent deux fois par jour. Il n'interrompait point cette fonction, même quand il était si faible qu'il pouvait à peine parler : mais il ranimait alors ses forces, et le zèle dont il brûlait pour le salut des âmes lui faisait oublier ses peines. S'il allait dans d'autres diocèses, on le priait de rompre au peuple le pain de la parole de vie; on courait en foule à ses sermons, et on l'écoutait toujours avec admiration; on battait même souvent des mains, selon la coutume de ce siècle. Mais le saint n'était content qu'autant que ses sermons produisaient du fruit. Entre autres conversions extraordinaires qu'il opéra, on compte celle d'un nommé Firme. C'était un des principaux appuis des manichéens. Il entra dans l'église au moment où Augustin faisait une sortie véhémente contre ces hérétiques. Il fut si touché, qu'immédiatement après le sermon, il vint se jeter aux pieds du saint, fondant en larmes, et abjura ses erreurs. Il mena toujours depuis une vie fort édifiante, et fut élevé au sacerdoce.

Cependant Valère se sentait accablé sous le poids des années et des infirmités qui étaient la suite de son âge. Il craignait toujours qu'Augustin ne fût enlevé à son église; et que quelque autre ville ne le demandât pour évêque. Il résolut donc de le faire son coadjuteur dans l'épiscopat, après avoir obtenu secrètement le consentement d'Aurélius, archevêque de Carthage, ainsi que l'approbation de son peuple et celle des évêques de la province de Numidie. Augustin s'opposa fortement à l'exécution de ce projet; mais il fut obligé de se rendre à la voix du ciel qui s'expliquait d'une manière si visible, et on le sacra au mois de décembre de l'année 395 et au commencement de la quarante-deuxième année de son âge. Valère mourut l'année suivante.

Augustin se vit obligé de demeurer dans la maison épiscopale, tant à cause de l'hospitalité, que pour l'exercice de ses fonctions. Mais il engagea les prêtres, les diacres et les sous-diacres de son église à renoncer à toute propriété, et à suivre la règle qu'il établissait. Il n'admettait aux ordres que ceux qui promettaient d'embrasser le même genre de vie. Plusieurs évêques imitèrent son exemple, et ce fut là l'origine des chanoines réguliers, comme nous l'avons déjà observé.

Le saint, au rapport de Possidius, était vêtu et meublé simplement, mais avec décence et propreté. Il n'y avait chez lui d'autre argenterie que des cuillers. Sa vaisselle était de terre, de bois ou de marbre. Il exerçait l'hospitalité; mais sa table était frugale. On y servait des légumes avec un peu de viande pour les étrangers et les malades. La quantité du vin y était réglée pour tous les hôtes. Pendant le repas, on lisait, ou l'on s'entretenait sur quelque matière importante, afin de bannir les discours inutiles. Il avait fait écrire au-dessus de sa table, un distique dont le sens était que les médisans ne devaient pas paraître chez lui. Si quelqu'un blessait la réputation du prochain en sa présence, il l'en avertissait sur-le-champ; et pour mieux marquer l'horreur que lui causait ce vice, il se levait tout-à-coup et se retirait dans sa chambre. Tous les clercs mangeaient avec lui, et portaient comme lui des habits faits d'une étoffe commune. Il ne recevait aucune femme dans sa maison, pas même sa sœur et ses deux nièces, qui cependant servaient Dieu toutes les trois dans la retraite. Il disait à ce sujet, qu'à la vérité on ne soupçonnerait pas sa conduite pour le voir converser avec une sœur ou une nièce; mais que quelquefois elles attireraient chez lui des personnes de leur sexe. Lorsqu'il était obligé de parler à des femmes, c'était toujours en présence et à la vue de quelques-uns de ses clercs. Il se reposait du soin de son temporel sur des intendans tirés de son clergé, et il leur faisait rendre compte de leur administration à la fin de l'année. Pour éviter tout ce qui pouvait le distraire, il chargeait quelques personnes intelligentes de présider aux établissemens qu'il formait pour les pauvres et pour la gloire de Dieu. On le pressait inutilement de recevoir des donations; il les refusait dès qu'il paraissait que les héritiers légitimes pourraient en être lésés. Son désintéressement a servi de modèle à tous les siècles qui ont suivi celui dans lequel il a vécu. Il était extrêmement en garde contre l'avarice qui se glisse imperceptiblement dans le cœur, et qui corrompt les meilleures actions, si elle les infecte de son souffle empesté. Ce qu'il épargnait des revenus de son église était employé au soulagement des pauvres, auxquels il avait donné précédemment son patrimoine. Il lui arriva quelquefois de faire fondre une partie des vases sacrés pour racheter les captifs, en quoi il imitait plusieurs saints évêques, notamment saint Ambroise. Il veillait soigneusement à l'observation de la pieuse coutume qui était établie de son temps, d'habiller tous les ans les pauvres de chaque paroisse, comme on le voit par plusieurs de ses lettres et de ses sermons.

Son zèle pour le bien spirituel de son troupeau était sans bornes. « Je ne désire point, lui disait-il, d'être sauvé sans vous. Pourquoi le désirerais-je? Que dirai-je? pourquoi suis-je évêque? Pourquoi suis-je dans le monde? C'est pour vivre seulement en Jésus-Christ, mais avec vous : c'est là ma passion, mon honneur, ma gloire, ma joie; ce sont là mes richesses. » Il n'y a peut-être jamais eu d'âme plus sensible que celle d'Augustin. Mais cette sensibilité était ennoblie par des motifs surnaturels, et perfectionnée par l'influence de la divine charité. Il conversait volontiers avec les infidèles, et les invitait même à sa table; mais il refusait de manger avec les chrétiens publiquement scandaleux, et les obligeait de subir les peines portées par les canons de l'Eglise. Il s'opposait à l'iniquité avec un courage inflexible, quels que fussent les coupables; il n'oubliait cependant jamais les règles de la charité, de la douceur et de la bienséance.

Les abus que la coutume avait rendus universels, donnaient bien de l'exercice à sa sollicitude. Il les condamnait ouvertement; mais il n'osait s'y opposer avec trop de roideur, dans la crainte qu'il n'en résultât un plus grand mal. D'un autre côté, il tremblait de se rendre coupable de trop de ménagemens pour les désordres. « Malheur, s'écriait-t-il, malheur aux hommes qui ne craignent que les crimes qui sont rares! Quant à ceux qui sont devenus communs par la force et l'universalité de la coutume, quoiqu'ils soient énormes par eux-mêmes et qu'ils excluent du royaume du ciel, nous sommes forcés de les tolérer; et en les tolérant, nous craignons de nous en rendre coupables. Faites, Seigneur, par votre miséricorde, que nous ne soyons pas condamnés pour n'avoir point fait ce que nous pouvions faire pour les empêcher. » Dans ces perplexités, il avait recours à la prière et aux conseils de personnes sages et éclairées.

Erasme, considérant les travaux immenses et le zèle infatigable de saint

Augustin pour le salut des âmes, s'exprime ainsi : « Quelle piété, quelle charité, quelle douceur, quelle aménité, quelle politesse, quel amour de la concorde, quel zèle pour la maison de Dieu ne remarque-t-on pas dans les épîtres et dans les autres écrits de ce grand homme ! Que n'entreprend-il pas ? De quels travaux ne se charge-t-il pas ? Combien de formes différentes ne prend-il pas, s'il a la moindre espérance de gagner un païen à Jésus-Christ, ou de ramener un hérétique dans le sein de l'Eglise ? Quelle condescendance, quelle attention à *changer de voix*, et pour ainsi dire, de ton ?.... Avec quelle sollicitude n'intercédait-il pas pour les circoncellions, qui étaient des misérables indignes de toute grâce ? Qui eut jamais plus de zèle pour ses amis qu'il n'en avait pour ses ennemis ? Quels efforts ne fait-il pas pour enfanter tous les hommes en Jésus-Christ ?.... Quel soin pour les sauver tous, et pour empêcher qu'aucun ne périsse ? De quelle douleur n'est-il pas pénétré à la vue des scandales ? Il me semble voir la poule dont il est parlé dans l'Evangile, ramasser ses petits sous ses ailes... On voit en lui, comme dans un miroir, le modèle de cet évêque parfait dont saint Paul trace le caractère. »

Comme c'était alors l'usage d'appeler des juges séculiers, aux évêques, il entendait les parties contendantes avec beaucoup de bonté et de patience; il employait toutes sortes de moyens pour les accommoder, et pour les porter à servir Dieu, soit qu'elles professassent le christianisme, soit qu'elles fussent engagées dans l'infidélité. Il se plaignait cependant des distractions que lui causait cet emploi, qu'il exerçait toutefois par charité.

Il ne faisait de visites qu'aux orphelins, aux veuves, aux malades et aux personnes affligées. Il pratiquait ces trois maximes de saint Ambroise : la première, de ne se point mêler de mariages, de peur qu'ils ne fussent malheureux; la seconde, de ne persuader à personne de prendre le parti des armes; la troisième, de ne jamais assister aux fêtes qui se donnaient à Hippone, de peur qu'elles ne devinssent fréquentes; ce qui aurait pu le faire tomber dans l'intempérence, et lui occasionner une grande perte de temps.

Saint Augustin, comme tous les grands hommes, s'est peint dans ses lettres, et l'on y trouve une infinité de traits qui servent à faire connaître sa personne et son âme. Nous y apprenons qu'il était en général d'une constitution faible, et sujet à de fréquentes indispositions. Etant retenu au lit où il souffrait beaucoup, il mandait à Profuturus : « Quoique je souffre, je suis cependant bien, parce que je suis comme Dieu veut que je sois. Quand nous ne voulons pas ce qu'il veut, nous sommes coupables, puisqu'il ne peut rien faire ou permettre qui ne soit juste. »

Sa trente-sixième lettre roule sur le jeûne du samedi, que l'Eglise observait en jeûnant le mercredi et le vendredi. Cette dévotion avait pour objet d'honorer la passion du Sauveur, que les juifs avaient mourir le vendredi, en exécution du projet qu'ils en avaient formé le mercredi. Quant au jeûne du samedi, il veut que l'on suive l'usage des lieux où l'on est, conformément à la règle de saint Ambroise, qui disait à sainte Monique : « Quand je suis à Milan, je ne jeûne point le samedi; mais je jeûne ce jour-là lorsque je suis à Rome. » S'il y avait de la variété dans les usages des églises de quelques provinces, il était d'avis que l'on fît ce qui avait été prescrit par l'évêque du lieu où l'on se trouvait.

Dans sa cinquante-quatrième lettre, adressée à Januarius, il loue ceux qui communient tous les jours, pourvu qu'ils le fassent dignement, et avec l'humilité que montra Zachée lorsqu'il reçut Jésus-Christ dans sa maison. Mais il y donne aussi des éloges à ceux qui se privent de la communion à certains jours, afin de se disposer à recevoir le Sauveur avec plus de dévotion. Il établit pour principe, qu'une coutume reçue par toute l'Eglise vient des apôtres ou d'un concile général, telle qu'est, par exemple, celle de célébrer la Pâque, la Pentecôte, l'Ascension, et la Passion de Jésus-Christ. Il dit que primitivement les fidèles communiaient après souper; mais que les apôtres, par respect pour un aussi grand sacrement que l'eucharistie, ordonnèrent qu'à l'avenir on communierait à jeun. Sa cinquante-cinquième lettre est aussi adressée à Januarius. Il y parle du carême et des autres lois de l'Eglise : puis il dit de certains usages qui sont seulement tolérés, que les particuliers peuvent quelquefois s'y conformer, mais que quelquefois il vaut mieux les rejeter que les suivre. Il serait trop long de rapporter tous les traits intéressans sur la foi et la discipline que l'on trouve dans ses lettres. Nous citerons quelques-unes de ses maximes touchant les vérités chrétiennes.

Avec quelle tendresse de charité ne console-t-il pas un nommé Chrysinus, qui avait essuyé de grandes pertes, et qui éprouvait les malheurs les plus accablans! Il lui rappelle que Dieu est notre seul bien, et un bien qui ne peut nous manquer, si nous faisons tous nos efforts pour lui appartenir. S'il permet, dit-il, que nous soyons affligés en ce monde, ce n'est que pour notre plus grand avantage.

Il trace à Ecdicia, dans la lettre qu'il lui adresse, les devoirs d'une femme chrétienne envers son mari. Vous êtes obligée, lui disait-il, de vous conformer par condescendance à l'humeur de votre mari, quelque difficile qu'elle soit, non-seulement dans les devoirs essentiels, mais même dans les choses indifférentes; vous ne devez point porter d'habits qui lui déplaisent, et vous souvenir que l'humilité n'est point incompatible avec de riches habillemens auxquels le cœur n'est point attaché, et qui d'ailleurs n'ont rien de contraire à la modestie recommandée par l'apôtre. Suivez sa volonté dans les choses raisonnables, par rapport à l'éducation de vos enfans, dont vous devez même lui laisser le soin, s'il le demande. Il la reprend sévèrement d'avoir fait des largesses aux pauvres à l'insu de son mari, et veut qu'elle lui en demande pardon, quoique le refus qu'il fait de consentir à ces aumônes *extraordinaires* vienne d'un motif frivole ou imparfait. Il l'exhorte à gagner sa confiance par la douceur, et à employer tous les moyens qui dépendront d'elle, et surtout la prière, pour le retirer de ses désordres. « Priez pour lui, dit-il, du fond de votre cœur. Les larmes que l'on verse dans la prière sont, pour ainsi dire, le sang d'un cœur percé de douleur. » Après avoir parlé des devoirs des femmes, il insiste sur ceux des maris, auxquels il recommande principalement le respect, la tendresse et la complaisance pour leurs épouses. Il n'oublie pas non plus les devoirs des autres états.

Les instructions qu'il donne à Proba sont plus générales. Proba-Falconia, veuve de Probus, qui avait été préfet du prétoire, et consul en 371, s'était retirée en Afrique avec Julienne sa belle-mère, et Démétriade sa fille, après la prise et le pillage de Rome par Alaric, roi des Goths. Persuadée que la prière était son principal devoir, elle conjura saint Augustin de lui envoyer par écrit quelques instructions sur la manière de prier. Sachez, lui dit le saint, que vous devez apprendre à mépriser le monde avec ses plaisirs, et soupirer après la possession de la grâce et de la charité, qui sont l'objet principal de toutes nos prières; que la vraie prière est le cri du cœur, et qu'elle doit être continuelle par les brûlans désirs de l'âme qui cherche Dieu sans cesse; qu'il faut avoir tous les jours des heures réglées pour ses exercices de piété; qu'à l'exemple des moines d'Egypte, on doit élever son cœur à Dieu dans la journée par de fréquentes aspirations. Il lui donne une explication de l'oraison dominicale, et il ajoute que nous devons recommander à Dieu, non-seulement les besoins de notre âme, mais encore ceux de notre corps, et surtout notre santé, afin que nous puissions la consacrer au service du Seigneur; et la raison qu'il en apporte, c'est que sans la santé, tous les autres biens temporels nous sont de peu d'utilité. Mais il veut en même temps que nous ne demandions les biens de cette vie, qu'avec résignation à la volonté divine, et seulement dans la vue de notre avantage spirituel, de peur qu'en punition de notre impatience, Dieu ne nous les accorde lorsqu'ils sont pernicieux à nos âmes, comme il accorda aux juifs murmurant dans le désert, les viandes qu'ils lui demandaient, et dans l'usage desquelles ils trouvèrent le châtiment de leur gourmandise et de leur révolte : au lieu qu'il refusa d'exaucer saint Paul, et de le délivrer d'une épreuve qui lui était utile.

On admirera toujours la douceur et l'humilité que saint Augustin fit paraître dans la dispute qu'il eut avec saint Jérôme. Ce dernier, dans son explication de l'épître aux Galates, donnait un sens nouveau au passage où il est dit que saint Paul reprit saint Pierre de ce qu'à l'arrivée des juifs convertis il avait cessé de manger avec les Gentils. Il prétendait que c'était une pure collusion entre les deux apôtres, pour empêcher les deux partis de se scandaliser, et que saint Pierre et saint Paul pensaient de la même manière, puisque l'un et l'autre permettaient alors l'observance des cérémonies légales. Saint Augustin, n'étant encore que prêtre, réfuta cette explication dans une lettre qu'il écrivit en 395. Il y montrait qu'à la vérité les deux apôtres étaient d'accord sur la doctrine, mais que dans la circonstance dont il s'agissait, on ne pouvait excuser saint Pierre qui avait donné une occasion de scandale aux Gentils convertis; que si saint Paul n'eut point agi sérieusement, il se serait rendu coupable d'un mensonge officieux; et qu'en admettant une pareille défaite, il n'y a point de passage de l'Ecriture dont on ne puisse éluder la force. Cette lettre ne parvint point à la personne à laquelle elle était adressée, par la mort de celui qui en était le porteur. Saint Augustin étant alors évêque, en écrivit une seconde sur le même sujet en 397. Un autre accident fit qu'elle tomba entre les mains de plusieurs personnes d'Italie; et ce fut de là qu'on l'envoya en Palestine à saint Jérôme, qui en fut offensé. Les deux saints s'écrivirent différentes lettres sur ce sujet. Saint Augustin y montre que les apôtres tolérèrent quelque temps les cérémonies de la loi judaïque, afin de les laisser tomber insensiblement, et *d'enterrer la synagogue avec honneur*. Il conjure saint Jérôme par la douceur de Jésus-Christ, d'oublier l'offense qu'il a pu recevoir de lui; il se soumet à son jugement; il lui proteste qu'il le regarde comme son maître; il le prie d'exercer à son égard l'office de censeur; il veut renoncer à la dispute, si la rupture de leur amitié doit en être la suite, et s'il doit en résulter des inconvéniens pour leur salut. « Je vous conjure instamment, lui dit-il dans une autre lettre, de me relever avec confiance quand vous voyez que je me trompe: car quoique l'office d'un évêque soit de beaucoup au-dessus de celui d'un prêtre, cependant, à bien des égards, Augustin est inférieur à Jérôme. » Il s'attribue à lui-même tout le blâme de cette dispute; et le rejette principalement sur ce qu'il n'avait pas eu l'attention d'observer que la tolérance des cérémonies légales n'appartenait qu'au temps où la loi nouvelle commença à être promulguée. Saint Jérôme revint depuis à l'opinion de saint Augustin, qui est celle qu'ont adoptée les théologiens.

Notre saint fut affligé de la vivacité

que saint Jérôme et Rufin mirent dans la dispute qu'ils eurent ensemble. Il les conjura l'un et l'autre par les motifs les plus puissans de s'interdire les invectives. « Si je pouvais vous rencontrer ensemble, leur disait-il, je me jetterais à vos pieds, je verserais des larmes, je vous prierais selon l'étendue de l'amour que j'ai pour vous; je parlerais tantôt à l'un en faveur de lui-même, tantôt à l'autre en faveur de son adversaire, tantôt à tous les deux en faveur de plusieurs autres, surtout des faibles pour lesquels Jésus-Christ est mort. » Il craignait toujours que la vaine gloire ne se glissât dans les contestations littéraires. « Quand les hommes, dit-il, aiment une opinion, non parce qu'elle est vraie, mais parce qu'elle est à eux, on dispute moins pour la vérité que pour la victoire. » Il se tenait tellement en garde contre cet écueil, qu'il ne montrait jamais plus de charité et d'humilité que dans ces occasions.

Cette même humilité lui faisait extrêmement craindre cette secrète complaisance pour soi-même que produisent ordinairement les louanges des hommes. Il parle ainsi de cette tentation dans ses confessions. Tous les jours, Seigneur, nous sommes exposés à ces sortes de tentations ; elles ne nous donnent aucun relâche. Les langues des hommes sont comme une fournaise, dans laquelle nous sommes journellement éprouvés... Vous connaissez les gémissemens que je pousse et les larmes que je verse en votre présence sur ce sujet. Car j'ai bien de la peine à discerner ce que j'ai de moins de cette maladie contagieuse, et je crains fort pour mes péchés secrets que je ne vois pas, mais qui n'échappent point à vos regards. C'est que cette sorte de tentation ne fournit presque aucune lumière pour voir où l'on en est à cet égard, tandis que les autres nous mettent à peu près au fait de nos propres dispositions. » Il se plaint amèrement des effets de cette tentation, dans une lettre à Aurélius, archevêque de Carthage. « Je vous découvre mes maux, lui dit-il, afin que vous puissiez savoir en quoi vous devez prier Dieu pour moi. » De là vient qu'il fait si fréquemment l'aveu de son ignorance, et qu'il en revient toujours à dire qu'*il ne sait rien*. Pour peu que l'on ait de connaissance des hommes, on ne peut ignorer ce que coûte un pareil aveu. Saint Augustin déférait volontiers au sentiment des autres, leur demandait humblement leur avis pour se conduire dans le chemin de la vertu, et soumettait avec docilité ses ouvrages à leur censure. Il souffrait extraordinairement de se voir estimer pour son savoir.

Ce fut son humilité qui le détermina à publier ses confessions. Il les écrivit vers l'an 397, peu de temps après qu'il eut été fait évêque, et lorsqu'il était universellement admiré pour la sainteté de sa vie. Son dessein, en composant cet ouvrage, était, au rapport de Possidius, de s'exercer à l'humiliation, et de tâcher de donner aux autres une idée de sa personne, telle qu'il l'avait lui-même. Il divulgua, dans les neuf premiers livres, tous les péchés de sa jeunesse, et fit connaître, dans le dixième, les imperfections auxquelles il était encore sujet, afin d'engager tous les chrétiens à prier Dieu pour lui. « Les caresses de ce monde, dit-il au comte Darius en lui envoyant ses confessions, sont beaucoup plus dangereuses que les persécutions. Voyez par ce livre ce que je suis, vous devez me croire, quand je rends témoignage de moi-même, et ne point ajouter foi à ce que les autres en disent.... Louez avec moi la bonté de Dieu pour la grande miséricorde qu'il a exercée à mon égard, et priez-le d'achever ce qu'il a commencé en moi, et de ne pas permettre que je me perde. » Il nous apprend lui-même dans le second livre de ses *rétractations,* qu'il composa l'ouvrage dont nous parlons, pour s'exciter et pour exciter les autres à louer Dieu toujours juste et toujours bon, ainsi que pour porter les fidèles à élever vers lui leur esprit et leurs affections. Il y a inséré des réflexions aussi solides que sublimes sur la grandeur et la bonté de Dieu, sur la vanité du monde, sur les misères du péché, et des instructions fort utiles pour avancer et se soutenir dans la vie spirituelle. Aussi a-t-il été dans tous les siècles les délices et l'admiration des personnes pieuses. Dans les trois derniers livres, le saint parle de son amour pour l'Ecriture, et discute plusieurs difficultés métaphysiques sur le temps, sur la création du monde, et sur la première partie de l'histoire de la Genèse, pour réfuter les manichéens.

Ces hérétiques furent les premiers contre lesquels il tourna son zèle après sa conversion. Lorsqu'il eut été fait prêtre à Hippone, il se sentit pénétré de douleur en voyant une grande partie des habitans de cette ville infectés de leurs erreurs abominables. Il proposa une conférence à Fortunat, leur chef et leur prêtre. Cette conférence fut acceptée, et dura deux jours. La dispute roula principalement sur l'origine du mal; et saint Augustin prouva qu'il venait du libre arbitre de la créature; libre arbitre qu'on est forcé d'admettre, parce que sans cela il ne peut y avoir de loi, ni de peines contre ceux qui la transgressent. Fortunat qui, selon Beausobre, était savant et fort versé dans l'art de la dispute, se trouva si pressé par son adversaire, qu'il se vit réduit à dire qu'il voulait conférer avec les principaux de sa secte. La confusion dont il avait été couvert lui fit abandonner Hippone peu de temps après, et son départ fut suivi de la conversion d'un grand nombre de ceux qu'il séduisait.

Fauste, natif de Milève, et évêque des manichéens en Afrique, était l'idole de son parti dans cette contrée. Il gagnait les esprits par son éloquence, par une modestie et une politesse affectées, ainsi que par un extérieur agréable et engageant. Il se vantait d'avoir tout abandonné pour obéir à l'Evangile : mais dans le fond il n'avait pu rien quitter dans le monde, puisqu'il n'y possédait rien; il vivait d'ailleurs dans les délices, et menait la vie la plus voluptueuse. Vers l'an 390, il attaqua la foi catholique, par un livre rempli de blasphèmes contre la loi de Moïse, contre les prophètes, et contre le mystère de l'incarnation. Il écrivait, au jugement d'un auteur moderne, avec beaucoup d'élégance; son style était fort, clair, précis et attrayant; il parlait très-bien la langue latine; il couvrait avec adresse les défauts de sa secte, et donnait un tour ingénieux à ses sophismes. Saint Augustin lui répondit par un ouvrage divisé en trente-trois livres, qu'il composa vers l'an 400, et il triompha de lui, non-seulement par la force de la vérité et par la bonté de sa cause, mais encore par l'étendue et la solidité de son savoir. C'est à lui que nous sommes redevables de la conservation du texte de l'adversaire qu'il réfute.

Vers l'an 404, un manichéen du nombre des élus, nommé Félix, vint à Hippone dans le dessein d'y rétablir sa secte, que le saint évêque en avait bannie. Il se rendit dans cette ville au mois d'août; et au mois de décembre suivant, il consentit à disputer publiquement avec Augustin dans l'église. La conférence du premier jour est perdue; mais celle du second et du troisième est parvenue jusqu'à nous. Félix, comme l'observe Erasme, était moins savant que Fortunat, qui précédemment avait été réfuté par Augustin; mais il était plus subtil et plus rusé. L'issue de la dispute fut qu'il embrassa la doctrine de l'Eglise, et qu'il anathématisa Manès et ses blasphèmes.

L'hérésie des priscillianistes, qui avaient emprunté plusieurs des principes des manichéens, infectait alors la plus grande partie de l'Espagne. Les erreurs des origénistes y avaient aussi plusieurs partisans. Paul Orose, prêtre espagnol, fit en 415 un voyage en Afrique, pour voir saint Augustin, dont la réputation avait pénétré jusque dans les contrées les plus reculées du monde chrétien. Il lui présenta un mémoire sur les dogmes impies de ces hérétiques, et le pria de lui indiquer les moyens de conserver la foi de ses compatriotes. Le saint évêque prit de là occasion de composer son ouvrage *contre les priscillianistes et les origénistes*. Il y réfute ceux qui enseignaient que l'âme humaine est d'une nature divine, et qu'elle est envoyée dans le corps en punition des fautes qu'elle a commises précédemment, jusqu'à ce qu'elle soit purifiée en ce monde; il y prouve que Dieu l'a créée, et que les tourmens des démons et des damnés sont éternels.

On lit dans Possidius, que Pascentius, comte de la maison de l'empereur ou intendant du domaine impérial en Afrique, lequel était infecté des erreurs de l'arianisme, insulta les catholiques, à cause de la simplicité de leur foi, et défia même Augustin à une conférence. Le saint évêque ne put jamais obtenir de son adversaire, que des notaires écrivissent ce qui se dirait de part et d'autre dans la dispute. Pascentius pressant son adversaire de lui montrer dans l'Ecriture le mot *consubstantiel,* Augustin lui demanda s'il y trouvait celui de *non engendré* dont il se servait. Il lui montra ensuite qu'il suffisait que les dogmes exprimés par ces mots y fussent quant au sens et en termes équivalens. Maximin, évêque arien, et de la suite du comte Sigisvult, qui commandait en Afrique les troupes des Goths qui avaient pris le parti de Valentinien contre Boniface, étant venu à Hippone, proposa aussi à saint Augustin une conférence publique, où l'avantage ne fut pas non plus de son côté. Cette conférence se tint en 428; elle fut mise par écrit, mais elle n'est point parvenue jusqu'à nous.

FIN DE LA PREMIÈRE PARTIE.

VIE

DE

S. AUGUSTIN,

DOCTEUR DE L'ÉGLISE.

DEUXIÈME PARTIE.

Les païens et les juifs furent aussi l'objet du zèle de saint Augustin. Dans un traité qu'il composa contre ces derniers, il prouva que la loi de Moïse devait prendre fin, pour être remplacée par une loi nouvelle. Il gagna l'affection des juifs de Madaure, qui était dans le voisinage d'Hippone, en leur rendant tous les services qui dépendaient de lui. Cette disposition où ils étaient à son égard, les prépara insensiblement à embrasser l'Evangile. Alaric ayant pillé Rome en 410, les païens renouvelèrent leurs blasphèmes contre le christianisme, sur lequel ils rejetaient les calamités de l'empire. Le saint entreprit, pour les réfuter, son ouvrage *de la Cité de Dieu*. Il le commença en 413; mais il ne l'acheva qu'en 426. Son zèle et sa douceur ramenèrent dans le sein de l'Eglise les tertullianistes qui étaient à Carthage, et les abéloniens, ainsi appelés d'Abel leur patriarche.

Jovinien, l'ennemi de la virginité que l'on consacre à Dieu, avait été réfuté par saint Jérôme en 392, et condamné par le pape Sirice. Un concile tenu à Milan avait aussi proscrit ses erreurs. Il lui restait cependant encore des disciples qui le défendaient, en disant qu'on ne pouvait rejeter sa doctrine sans condamner l'état du mariage. Saint Augustin démontra la fausseté de cette calomnie dans son livre *de l'avantage du mariage*. Il y fait voir que cet état est saint; que plusieurs s'y engagent par des motifs de vertu, et que quelques-uns de ceux qui y sont engagés surpassent en sainteté un grand nombre de vierges. Il publia vers le même temps son livre *de la sainte virginité*, toujours dans la vue de réfuter Jovinien. Il y prouve que cet état est en lui-même le plus parfait, quand on l'embrasse pour l'amour de Dieu, que l'on y pratique l'humilité, et que l'on y fait au Seigneur le sacrifice entier de son cœur. Il écrivit son traité *de la continence*, quelque temps avant que d'être évêque. Son dessein était de prouver que cette vertu consiste dans la victoire des passions, et que les péchés ne viennent point d'un principe mauvais par sa nature, comme les manichéens se l'imaginaient. Il fait voir dans ses deux livres *des mariages adultères*, qu'une personne mariée, qui s'est séparée de son mari ou de sa femme pour cause d'adultère, ne peut passer à de secondes noces; il donne aussi la solution de plusieurs difficultés concernant l'indissolubilité du mariage. Son traité *de l'avantage de la viduité* fut écrit en 414, et adressé à Julienne, belle-fille de Proba. Il y loue beaucoup le saint état de viduité, reconnaissant toutefois qu'un second et un troisième mariage sont légitimes. Il y donne d'excellentes instructions à Proba et à sa fille Démétriade, qui l'année précédente avait fait à Dieu le sacrifice de sa virginité.

La secte des donatistes faisait alors grand bruit en Afrique, et donna beaucoup d'exercice au zèle du saint évêque d'Hippone. Nous avons rapporté dans la vie de saint Optat, comment elle prit naissance en 305. Un concile tenu à Rome en 313, et un autre concile, composé de tous les évêques de l'occident, qui se tint à Arles l'année suivante, condamnèrent comme schismatiques ceux qui en furent les premiers auteurs. Ils commencèrent par rompre l'unité; mais comme le schisme, selon la remarque de saint Augustin, a de tout temps conduit à l'hérésie, ils tombèrent depuis dans plusieurs erreurs. Ils enseignèrent d'abord que l'Eglise catholique, répandue par tout le monde, s'était souillée en communiquant avec les pécheurs, et qu'elle avait cessé d'être l'Eglise de Jésus-Christ, laquelle ne se trouvait plus que dans leur secte. Leur seconde erreur consistait à dire que les sacremens ne pouvaient validement être administrés par ceux qui n'étaient point dans la véritable Eglise; et d'après ce faux principe, ils rebaptisaient tous les autres sectaires, et même tous les catholiques qui embrassaient leur doctrine. En 316, Constantin publia à Milan des lois sévères contre eux, et bannit quelques-uns de leurs chefs. Ils furent traités avec la même sévérité par les empereurs Valentinien I, Gratien et Théodose le Grand. Ils se divisèrent en tant de sectes dans la Mauritanie et la Numidie, qu'eux-mêmes n'en savaient pas le nombre. On distinguait entre autres celle des urbanistes, qui se répandirent dans une partie de la Numidie; et à Carthage, celles des claudianistes, des maximianistes et des primianistes. Ces derniers tiraient leur nom de Primien, qui en 391 succéda à Parménien sur le siége schismatique de Carthage. Primien ayant reçu les claudianistes à la communion, fut condamné par le parti à la tête duquel était Maximien que l'on fit évêque. Il conserva toujours cependant le siége schismatique de cette ville, tandis que Maximien était reconnu par plusieurs provinces. Les rogatistes, ainsi appelés de Rogat, l'auteur de leur séparation, dogmatisaient dans la Mauritanie Césarienne. Chacune de ces sectes croyait être seule la véritable Eglise, et avoir seule le vrai baptême.

Le nombre des donatistes était fort considérable en Afrique, et ils portaient l'opiniâtreté jusqu'à la fureur et à l'extravagance. Ils comptaient plus de cinq cents évêques de leur secte. Il y avait peu de catholiques à Hippone; et les donatistes y étaient si puissans, que Faustin, leur évêque, défendit, peu de temps avant l'arrivée de saint Augustin, que l'on fît cuire du pain dans la ville pour l'usage des orthodoxes. Cette défense fut exécutée, même par les domestiques des familles qui tenaient pour la doctrine de l'Eglise. Tel était l'état des choses, quand le saint docteur fut fait évêque d'Hippone. Il s'opposa à l'hérésie réguante en public et en particulier, dans les églises et dans les maisons, par ses discours et par ses écrits. Nous apprenons de Possidius, que la plus grande partie des chrétiens d'Afrique étaient alors infectés des erreurs des donatistes ; que ceux-ci portaient la fureur jusqu'aux derniers excès ; qu'ils massacraient leurs adversaires, et qu'ils commettaient toutes sortes de cruautés. Le savoir et le zèle d'Augustin, soutenus d'une sainteté éminente, firent remporter de grands avantages aux catholiques. Les donatistes en furent si furieux, que quelques enthousiastes d'entr'eux prêchèrent publiquement, que de le tuer, ce serait rendre un grand service à leur religion, et faire une œuvre très-méritoire devant Dieu. Effectivement, ceux qu'on appelait circoncellions attentèrent plusieurs fois à sa vie, pendant qu'il faisait la visite de son diocèse. Un jour entr'autres il devait perdre la vie, et il n'échappa au danger que parce que son guide s'était égaré. Il rendit à Dieu de solennelles actions de grâces, de ce qu'il avait bien voulu le délivrer de ses ennemis. En 405, il fut obligé de recourir à Cécilien, vicaire d'Afrique en Numidie, pour réprimer la fureur des donatistes qui causaient d'affreux ravages aux environs d'Hippone. La même année, l'empereur Honorius publia de nouvelles lois contre eux, et les condamna à diverses peines. Saint Augustin regarda d'abord ce traitement comme une espèce de persécution; mais depuis il changea de sentiment, lorsqu'il en vit plusieurs se convertir sincèrement. Touchés par la crainte des châtimens, ils examinèrent la vérité; et après l'avoir connue, ils l'embrassèrent de tout leur cœur; ils en rendirent ensuite grâces à Dieu, et ils devinrent par leur ferveur et la régularité de leur vie, l'édification de l'Eglise. Le saint observe à ce sujet que leurs séditions et leurs actes de violence les distinguaient des ariens et des autres hérétiques, et que l'on ne pouvait les contenir que par la terreur des peines. Mais pour lui, il n'employait contre eux que la douceur et la charité. Souvent il intercédait en leur faveur; il obtint la remise d'une amende à Crispin, évêque donatiste, qui avait été condamné, non-seulement pour cause d'hérésie, mais encore pour avoir voulu attenter à la vie de Possidius, évêque de Calame. Ce ne fut pas la seule action de ce genre qu'on lui vit faire. Il exhortait fortement les catholiques à travailler à la conversion des donatistes, par la prière, le jeûne et d'autres bonnes œuvres; il voulait aussi qu'ils les invitassent à embrasser la vérité avec tendresse et avec charité, et qu'ils évitassent les contentions et les disputes autant qu'ils le pourraient.

L'empereur Honorius nomma, en 407, des jurisconsultes, qui furent chargés de poursuivre les donatistes suivant la rigueur des lois. Il leur donna le titre de *défenseurs de l'Eglise*. Ce titre était en usage auparavant, et il en est parlé dans le concile de Carthage de l'an 349. On le donnait alors, et on le donna depuis à ceux que l'évêque choisissait pour défendre de l'oppression les veuves, les orphelins et les autres malheureux.

Ce fut dans ce temps-là que se tint à Carthage cette conférence si célèbre entre les catholiques et les donatistes. Saint Augustin avait souvent proposé à ces derniers une dispute en règle sur les points controversés, en présence d'un certain nombre de juges compétens. Mais ils l'avaient toujours refusée, sous prétexte que l'évêque d'Hippone était plus éloquent. Enfin, Aurélius de Carthage, Augustin, et tous les autres prélats catholiques, convinrent dans un concile national qui se tint en 493, d'envoyer des députés à tous les évêques donatistes de l'Afrique, pour leur demander le temps et le lieu où ils voudraient discuter les différens articles qui les divisaient. Mais ils répondirent qu'ils ne pouvaient s'assembler pour conférer avec les successeurs des traditeurs et des pécheurs, attendu que cette communication les souillerait. Il est aisé de voir que cette réponse n'était qu'une défaite. Enfin, à la prière des orthodoxes, l'empereur Honorius donna un rescrit en 410, par lequel il ordonnait aux donatistes de s'assembler sous quatre mois, et d'avoir une conférence publique avec les catholiques. Il nommait en même temps le tribun Marcellin pour présider à cette conférence. Les évêques orthodoxes, assemblés à Carthage au nombre de deux cent soixante-dix, acquiescèrent avec joie à ce que portait le rescrit du prince.

Marcellin ordonna que l'on choisirait de chaque côté sept évêques pour disputer, quatre notaires pour mettre par écrit ce qui se dirait de part et d'autre, et quatre évêques pour les conduire et les observer, sept autres évêques pour servir de conseil à ceux qui disputeraient. Ces dix-huit évêques de chaque côté devaient seuls composer l'assemblée. Les donatistes cependant demandèrent et obtinrent de paraître au commencement de toutes les conférences. Mais les catholiques se contentèrent de leurs dix-huit évêques, les autres passant ce temps dans la retraite, où ils imploraient le secours du ciel par la prière, le jeûne et l'aumône. Ceux que ces derniers nommèrent pour la dispute, étaient Aurélius, Alipius, Augustin, Vincent, Fortunat, Fortunatien et Possidius. Les donatistes choisirent Primien de Carthage, Pétilien de Cirthe, Emérite, Protais, Montan, Gaudence et Adéodat de Milève. Le tribun Marcellin était accompagné de vingt officiers.

La conférence s'ouvrit le 1 juin 411, et dura trois jours. Les donatistes, refusant de s'asseoir, disputèrent debout. Marcellin fit aussitôt enlever son siége et resta debout aussi. On agita avec beaucoup de chaleur les questions de droit et de fait. Les pièces mêmes, produites par les donatistes, justifièrent Cécilien et la cause qu'il défendait; et saint Augustin, qui eut la part principale à la dispute, démontra l'universalité de la véritable Eglise. La conversion d'une multitude innombrable d'hérétiques fut le fruit du triomphe qu'il remporta en ce jour. Marcellin prononçant sur les points de fait qui avaient donné naissance au schisme, déclara que Cécilien n'avait jamais été convaincu des crimes dont on l'avait accusé; et quand même il en aurait été coupable, les donatistes n'auraient pu donner leur secte pour la véritable Eglise, puisque personne ne peut et ne doit être condamné pour les fautes d'autrui. Les donatistes en appelèrent à l'empereur Honorius; mais ce prince, ayant ouï le rapport du tribun, porta de nouvelles lois contre eux, les condamna à de grosses amendes, bannit leur clergé de l'Afrique, et ordonna que leurs églises fussent rendues aux catholiques.

Cette conférence porta un coup mortel au schisme des donatistes; on les vit rentrer en foule dans le sein de l'Eglise. Plusieurs évêques d'entre eux, au rapport de Possidius, se convertirent avec tout leur troupeau, et l'on confirma dans leurs dignités ceux qui avaient renoncé au schisme, selon ce qui avait été décidé dans le concile tenu à Carthage en 407. Il y eut pourtant quelques-uns de ces hérétiques qui restèrent opiniâtrement attachés à leurs erreurs. Plusieurs de leurs circoncellions et de leurs clercs, s'étant attroupés auprès d'Hippone, tuèrent un prêtre catholique, nommé Restitute, crevèrent les yeux à un autre, et lui cassèrent un bras. Ils furent arrêtés, et confessèrent leur crime devant

Marcellin que l'empereur avait honoré du titre et de la dignité de comte. Saint Augustin craignant qu'on ne les punît selon la rigueur des lois, écrivit à Marcellin en leur faveur : « Nous ne les accusons point, lui disait-il; nous ne les poursuivons point, et nous serions très-fâchés que les souffrances des serviteurs de Dieu fussent punies par la peine du talion. » Il le pria de se souvenir de cette douceur que l'Eglise faisait profession d'avoir pour tous les hommes, et de ne point condamner les coupables à la mort ou à la mutilation; mais seulement de les empêcher de nuire à d'autres, en les renfermant dans une prison, ou en les faisant travailler aux ouvrages publics. Il écrivit sur le même sujet au proconsul Apringius, qui était frère de Marcellin, et qui devait être leur juge. Il lui représenta que les souffrances des catholiques étaient comme autant d'exemples de patience, qui ne devaient point être souillés par le sang de leurs ennemis. Comme il ne recevait point de réponse, il écrivit une seconde lettre à Marcellin. Le comte, qui était un homme religieux, avait pour Augustin autant d'estime que de vénération, et Augustin de son côté estimait et aimait tendrement le comte.

Héraclien, qui avait été proconsul d'Afrique, s'étant révolté en 413, fut vaincu près de Rome par le comte Marin. Il s'enfuit à Carthage, où il fut tué. Marin l'y poursuivit, et mit à mort plusieurs personnes qui avaient trempé dans la conspiration. Les donatistes accusèrent devant lui Marcellin et Apringius d'avoir favorisé les rebelles; il les crut, et les fit mettre tous deux en prison. Saint Augustin, étant venu à Carthage, les justifia, et fit promettre à Marin qu'il leur laisserait la vie. Mais celui-ci oublia sa promesse et les condamna l'un et l'autre à perdre la tête. Le saint ressentit une vive douleur de cette barbare expédition; il l'attribua aux calomnies des donatistes, qui voulaient par-là se venger de la sentence que Marcellin avait prononcée contre eux. Il parle d'une manière fort touchante des dispositions où il le trouva lorsqu'il alla le voir dans la prison pour le consoler, et il rend un témoignage authentique à ses vertus et à son innocence. Un jour qu'il lui demandait s'il n'avait jamais commis aucun de ces péchés qui s'expiaient par la pénitence canonique, il lui répondit en lui serrant la main droite : « Je vous jure par les sacremens qui m'ont été administrés par cette main, que je ne me suis jamais rendu coupable de pareils péchés. » Ce passage prouve combien les pasteurs étaient alors zélés pour le salut des prisonniers qu'ils visitaient, et que quand ils les croyaient en danger d'être damnés, ils les préparaient à la mort par la pénitence, par l'absolution et la réception de l'eucharistie.

Saint Augustin ne voulut plus avoir de commerce avec Marin, qui devint l'objet de l'exécration publique, et qui se vit obligé de faire une pénitence proportionnée à son crime. L'empereur Honorius le disgracia pour cette action de barbarie, et donna le titre d'homme de glorieuse mémoire à Marcellin, qui avait été injustement mis à mort par la malice des donatistes. Marcellin est nommé dans les martyrologes sous le 8 d'avril, et y est qualifié *martyr*.

Ce fut vers le même temps, c'est-à-dire en 413, que sainte Démétriade embrassa à Carthage l'état de virginité. Elle était fille d'Olibrius, qui avait été consul en 395. Sa mère se nommait Julienne, et son aïeule, Proba. Quoiqu'elle fût née au milieu de tout ce qui peut flatter les sens, elle s'était accoutumée dès sa plus tendre enfance à la pratique de la mortification. Elle portait des habits simples, jeûnait souvent, et couchait ordinairement sur la terre, qu'elle ne couvrait que d'un cilice. Il n'y avait que quelques-unes de ses femmes qui connussent l'esprit de pénitence dont elle était animée. Elle ne désirait rien tant que d'embrasser l'état religieux, et tous les jours elle priait Dieu de toucher ses parens, afin qu'ils lui accordassent leur consentement. Mais considérant les difficultés qu'elle aurait à vaincre, et que tout était disposé pour son mariage, elle alla, vêtue d'un habit ordinaire, se jeter aux pieds de son aïeule, ne s'exprimant que par des larmes. Proba et Julienne furent extrêmement surprises; mais quand elles eurent entendu la prière qu'elle leur faisait; elles la relevèrent; puis la serrant tendrement entre leurs bras, elles applaudirent à sa pieuse résolution. Elles distribuèrent ensuite aux pauvres les biens qu'elles lui avaient destinés en la mariant. Démétriade reçut le voile des mains de l'évêque de Carthage, avec les cérémonies et les prières accoutumées. Plusieurs de ses amies et de ses esclaves suivirent son exemple. Saint Augustin, pendant le séjour qu'il fit à Carthage à l'occasion de la conférence avec les donatistes, ne contribua pas peu par ses exhortations à la confirmer dans le dessein où elle était de se consacrer à Dieu. Proba et Julienne lui écrivirent au sujet de sa profession, et lui envoyèrent en même temps un petit présent. Elles reçurent une lettre du saint évêque d'Hippone, qui les remerciait, et les félicitait d'avoir une telle fille. Elles écrivirent aussi à saint Jérôme, pour le prier de donner à Démétriade les instructions dont elle avait besoin. Le saint le fit dans une longue lettre, où il lui traçait des règles de conduite pour une vierge chrétienne, et où il l'exhortait surtout à employer au travail des mains une partie de chaque journée. Pélage, qui était alors en Palestine, fut du nombre de ceux qui écrivirent à la vierge Démétriade après sa retraite. Cette lettre, que nous avons encore, fut une de ses premières productions, et l'on y trouve les semences de son hérésie. Augustin et Alipius écrivirent conjointement à Julienne en 417, pour l'avertir de précautionner sa fille contre le poison artificieusement caché dans la lettre de Pélage. Démétriade retourna depuis à Rome avec sa mère et son aïeule, et elle y florissait du temps de saint Léon.

Pélage, que saint Augustin, saint Prosper et Marius Mercator font breton de naissance, était moine de Bangor dans le pays de Galles, et non en Irlande. Il avait de l'esprit, mais il n'était pas solidement savant. Il rebute par la stérilité et la sécheresse de son style. Il voyagea en Italie, et vécut quelque temps à Rome, où il se fit une grande réputation de vertu. S'étant lié avec Rufin le syrien, disciple de Théodore de Mopsueste, qui était venu dans la même ville vers l'an 400, il apprit de lui les dogmes erronés qu'il commença dès lors à répandre, mais secrètement, contre la nécessité de la grâce divine. Il se contenta d'abord de les faire proposer par ses disciples, afin de voir de quelle manière on les recevrait. Le principal de ses disciples était Célestius, issu d'une famille noble, selon Marius Mercator. Il avait de la hardiesse et de la subtilité dans l'esprit. L'Ecosse était sa patrie, selon saint Jérôme. Après avoir plaidé quelque temps au barreau, il embrassa l'état monastique. Il fit connaissance avec Pélage, un peu avant la prise de la ville de Rome, et le suivit en Afrique dans l'année 409. Pélage, partant pour l'orient, le laissa à Carthage, où il mit tout en œuvre pour se faire ordonner prêtre; mais Paulin, diacre de Milan, qui était alors en Afrique, l'accusa d'hérésie auprès d'Aurélius, évêque de Carthage, vers le commencement de l'année 412. Aurélius assembla un concile dans sa ville épiscopale. Paulin y présenta deux mémoires contre Célestius, où celui-ci était convaincu d'enseigner qu'Adam aurait été également mortel, quand bien même il n'aurait point péché; que sa chute lui était purement personnelle, et qu'elle n'avait point été préjudiciable à sa postérité; que les enfans naissent dans l'état où ils auraient été si Adam n'eût jamais péché, et que ceux qui meurent sans avoir reçu le baptême n'en obtiennent pas moins la vie éternelle. Célestius fut entendu : il tâcha par plusieurs défaites de donner le change à ses juges; mais il en dit assez pour être convaincu d'un attachement opiniâtre à l'hérésie. Il fut donc condamné par le concile, et privé de la communion ecclésiastique. Il en appela au saint siége. Apparemment qu'il se défia de la bonté de sa cause; car il ne poursuivit point son appel, et se retira à Ephèse.

Saint Augustin n'était point au concile de Carthage; mais il commença dès lors à combattre les pélagiens, tant dans ses sermons que dans ses lettres; et avant la fin de la même année, il écrivit ses premiers traités contre eux, à la prière du tribun Marcellin. Il ne nomme cependant point les auteurs de l'hérésie, dans l'espérance que sa modération pourrait servir à les ramener. Il disait même de Pélage, en réfutant ses erreurs, que « c'était, à ce qu'il avait appris, un saint homme, très-exercé à la pratique des vertus chrétiennes ; un homme de bien et digne de louange. » Mais lorsqu'il eut été condamné nommément, Orose et les autres Pères soutinrent qu'on l'avait mal connu ; que sa prétendue vertu n'était qu'hypocrisie ; qu'il aimait la bonne chère et les bains, et qu'il vivait dans la mollesse et les délices.

Cet hérésiarque fit un long séjour dans la Palestine. Ayant été accusé d'hérésie devant quelques évêques assemblés à Jérusalem, ils résolurent d'en écrire au pape, et convinrent de s'en rapporter à sa décision sur cette affaire. Mais au mois de décembre de la même année, il se tint à Lydde ou Diospolis un concile composé de quatorze évêques. Pélage fut obligé de comparaître pour rendre compte de sa foi. Il avait pour accusateurs deux évêques gaulois, Héros d'Arles et Lazare d'Aix. Il trouva le moyen de s'excuser, au point de paraître catholique; mais le concile condamna ses erreurs, et il fut obligé de les abjurer. Son abjuration ne fut qu'extérieure; car il ne changea jamais de sentiment, et il trompa les évêques qui s'étaient assemblés pour le juger.

Après le concile, Pélage parut plus vain qu'auparavant, et résolut de profiter de l'avantage qu'il avait gagné. Il n'osa parler cependant de ce qui s'était passé, de peur qu'on ne s'aperçût qu'il avait été forcé de désavouer ses erreurs. Il se contenta de répandre une lettre, adressée à ses amis, où il disait que quatorze évêques avaient approuvé son opinion, et avaient nommément reconnu qu'un homme peut vivre sans péché, et observer facilement les commandemens de Dieu, s'il le veut. Il se gardait bien de dire qu'il avait ajouté dans le concile, *avec la grâce de Dieu*. Sa lettre portait *facilement*, ce qu'il n'avait osé prononcer devant les Pères du concile, comme l'observe saint Augustin.

Les évêques d'Afrique connaissaient trop bien ses artifices pour s'en laisser imposer sur sa doctrine. S'étant assemblés à Carthage et à Milève, en 416, ils écrivirent contre lui au pape Innocent. Le souverain pontife loua leur vigilance pastorale, et l'année suivante il déclara Pélage et Célestius privés de la communion de l'Eglise. Il vit bien que le premier n'avait point répondu d'une manière satisfaisante dans le concile de Diospolis, comme nous l'apprenons par ses lettres et par celles de saint Augustin sur cette affaire. Pélage écrivit au pape pour se justifier; et Célestius, qui s'était fait ordonner prêtre à Ephèse, alla à Rome en personne. Il présenta à Zozime, successeur d'Innocent, une confession de foi, où il s'exprimait fort clairement sur les premiers articles du symbole, et où il désavouait les erreurs qui pouvaient lui être échappées dans ses lettres, priant le souverain pontife, au jugement duquel il s'en rapportait, de le redresser et de le ramener dans la voie de la vérité. Zozime, trompé par cette soumission apparente, écrivit en sa faveur aux évêques d'Afrique, pour les prier, non de lever l'excommunication lancée contre lui, mais de différer de deux mois la décision de cette affaire.

En 418, Aurélius fit assembler à Carthage un concile de deux cent quatorze évêques, où l'on renouvela la sentence d'excommunication portée contre Célestius, et où l'on déclara que l'on s'en tiendrait constamment au décret d'Innocent. Zozime, ayant été mieux informé par ce concile, condamna les pélagiens, et cita Célestius à comparaître une seconde fois. Mais cet hérétique n'obéit point; il s'enfuit secrètement de Rome et passa en Orient. Aussitôt Zozime excommunia solennellement Pélage et Célestius; en même-temps il fit parvenir la sentence en Afrique et aux principales églises de l'orient. Les empereurs Honorius et Théodose envoyèrent aux trois préfets du prétoire un édit qui bannissait à perpétuité de l'empire Pélage et Célestius, et confisquait leurs biens. Ceux qui soutenaient leur doctrine étaient enveloppés dans la même peine. Après la publication de cet édit, Pélage et Célestius se tinrent cachés dans l'orient.

Dix-huit évêques d'Italie ayant refusé de souscrire à la sentence portée par Zozime, furent privés de leurs siéges. Le plus habile et le plus ardent d'entre eux était Julien, évêque d'Eclane (Aujourd'hui Avelino) dans la Campanie. Il se fit depuis maître d'école en Sicile, et l'on y découvrit son tombeau dans un petit village, au neuvième siècle. Ses ouvrages, où l'on remarque beaucoup d'esprit, montrent en même-temps qu'il était le plus vain de tous les hommes, et qu'il ne le cédait en orgueil à aucun pélagien.

Il résulte de tout ce que nous avons dit, que les principales erreurs des pélagiens avaient pour objet le péché originel et la grâce divine, qu'ils niaient l'existence de l'un et la nécessité de l'autre. Ils enseignaient encore que l'homme pouvait vivre exempt de tout péché, sans le secours de la grâce, et ils donnaient de grands éloges aux vertus des païens. Saint Augustin les combattit avec la plus grande force. Il prouva contre eux, et par les passages les plus formels de l'Ecriture, que tous les hommes sont pécheurs, et obligés de prier pour obtenir le pardon de leurs péchés; que, sans une grâce exraordinaire, telle que celle qui a été donnée à la Vierge Marie, les saints commettent souvent des fautes d'inadvertance, fautes contre lesquelles ils veillent, et à cause desquelles ils vivent constamment dans la componction; que les vertus des païens sont souvent fausses, surtout lorsqu'elles ont pour fondement et pour principe la vaine gloire ou d'autres passions; que les vertus morales, quand la source n'en est point corrompue, peuvent mériter des récompenses temporelles; mais que toute vertu qui ne vient point d'un principe surnaturel, et qui n'est point produite par une grâce aussi surnaturelle, ne peut être méritoire de la vie éternelle. Il enseigne que la grâce que Jésus-Christ nous a obtenue par son sang, opère en nous le consentement de notre volonté à toute vertu, sans exclure notre libre coopération ; en sorte que tout le bien qui ne peut être en nous doit être attribué au Créateur, et que personne n'a droit de se prévaloir de ses bonnes œuvres sur le prochain. Mais Dieu ne peut être l'auteur du mal ; il vient de la malice de la créature, du défaut de rectitude dans le libre arbitre ; et ce libre arbitre, abandonné à lui-même, n'a que le pouvoir de se porter au mal, ou du moins de ne faire que par un motif d'amour-propre, ce qui devrait être fait pour Dieu seul. En un mot, il est incapable, sans le secours de la grâce, de faire aucune action dont Dieu soit la fin surnaturelle, et dont par conséquent il veuille être la récompense. Mais cette grâce, si nécessaire pour toute bonne œuvre, ne nous manque jamais que par notre faute.

L'homme ayant été corrompu par le péché, et l'orgueil étant devenu sa passion favorite, il naît avec un penchant naturel pour le pélagianisme, et il adopte avec avidité des principes qui flattent l'opinion avantageuse qu'il a de ses propres forces, de son pouvoir et de son excellence. Il n'est donc point étonnant que l'hérésie de Pélage ait trouvé tant de protecteurs. Elle fut, après l'arianisme, le plus dangereux ennemi de l'Eglise. Les plaies que ce monstre lui fit auraient été bien plus profondes, si la Providence n'eût suscité Augustin pour être le défenseur de la grâce. Ce saint docteur fut comme une trompette envoyée pour exciter le zèle des autres pasteurs, et l'âme, pour ainsi dire, des conciles qui se tinrent à ce sujet, et des efforts que l'on y fit pour éteindre l'incendie dans sa naissance. Enfin l'Eglise l'a toujours regardé comme le principal instrument dont Dieu se servit pour écraser la tête de cette hydre redoutable.

On vit bientôt sortir de ses cendres le sémi-pélagianisme, qui prit naissance dans les Gaules. Saint Prosper et saint Hilaire, laïques l'un et l'autre, mais savans et zélés pour la doctrine de l'Eglise, en informèrent saint Augustin. Ils lui mandèrent, en 429, que quelques personnes, remplies d'admiration pour toutes ses actions et même pour ses paroles, se scandalisaient de sa doctrine sur la grâce, comme si elle détruisait le libre arbitre, qu'elles enseignaient que le commencement de la foi et le premier désir de vertu sont l'ouvrage de la créature, et déterminent Dieu à donner aux hommes la grâce qui leur est nécessaire pour exécuter et accomplir les bonnes œuvres; que, par rapport aux enfans qui meurent sans baptême et aux infidèles qui n'ont jamais entendu prêcher la foi, leur malheur vient de ce que Dieu prévoit qu'ils abuseraient de la vie et de l'Evangile, et que c'est pour cette raison qu'il les prive de ses grâces.

Saint Augustin, pour répondre aux lettres de saint Prosper et de saint Hilaire, composa deux livres intitulés, l'un *de la Prédestination des Saints*, et l'autre, *du Don de la Persévérance*. Il y montrait que la doctrine qu'il combattait supposait le principe général de Pélage, et que d'attribuer à la créature le commencement de la vertu, c'était lui donner tout, au lieu de le donner à Dieu. Il traitait cependant en frères les semi-pélagiens, parce qu'ils erraient sans opiniâtreté, et que leur erreur n'avait point encore été condamnée par une définition expresse de l'Eglise. On regarde comme les principaux auteurs du semi-pélagianisme, Cassien de Marseille et les moines de Lérins. Fauste, abbé de ce monastère, qui fut évêque de Riez en 462, et dont nous avons encore plusieurs ouvrages, le soutint hautement, et lui donna tout le degré de force dont il était susceptible. Il mourut en 480. L'hérésie des semi-pélagiens fut condamnée, en 529, par le second concile d'Orange, et le pape Boniface II le confirma dans une lettre adressée à saint Césaire, sous lequel il s'était tenu.

Dans tous les ouvrages que saint Augustin a composés, aucun ne lui a fait plus d'honneur que le livre de ses *Rétractations*. Il le commença en 426, dans la soixante-douzième année de son âge. Il s'y proposa de revoir ses écrits, qui étaient fort nombreux, et d'en corriger les fautes; ce qu'il fit avec une sévérité et une candeur admirables, sans chercher à les excuser ou à les diminuer. Pour se procurer le temps dont il avait besoin pour finir ses *Rétractations*, et mettre la dernière main à ses autres ouvrages, il engagea son clergé et son peuple à lui permettre de prendre un coadjuteur. Son choix tomba sur Eradius : c'était le plus jeune de ses prêtres, mais il avait une rare vertu et une prudence consommée. Son élection fut confirmée le 26 septembre 426. Augustin cependant ne voulut point qu'on le sacrât avant sa mort, parce que les canons défendaient qu'il y eût en même temps deux évêques dans la même ville. Ce fut à Eradius que le peuple s'adressa dans la suite pour les différentes affaires qui survenaient.

Le comte Boniface, qui commandait les armées de l'empire en Afrique, et auquel Placidie et Valentinien III étaient principalement redevable de la souveraine puissance, avait pris, après la mort de sa femme, la résolution de quitter le monde et d'embrasser la vie monastique. Saint Augustin et Saint Alipius l'en détournèrent, dans la persuasion qu'en restant dans l'état où il était, il rendrait de plus grands services à l'Eglise et à l'empire. Mais il se relâcha par degrés, abandonna ses exercices de religion, et oublia la promesse qu'il avait faite à Dieu de le servir sans partage le reste de ses jours. Les ordres de l'empereur l'ayant obligé de passer en Espagne, il s'y remaria, et épousa une femme arienne, qui était parente des rois des Vandales, dont il s'attira par-là l'amitié; il leur protesta cependant qu'il voulait toujours être catholique. Aëtius, son rival, prit occasion de cette alliance pour rendre sa fidélité suspecte à Placidie, qui était régente de l'empire, durant la minorité de son fils Valentinien III.

Boniface ressentit vivement ce coup, et ne douta point que sa ruine ne fût inévitable. Il fit donc un traité avec Gontharis et Genséric, rois des Vandales en Espagne; puis, s'étant mis sur la défensive, il défit trois généraux que Placidie et Aëtius envoyèrent contre lui. Saint Augustin lui écrivit une lettre qui renfermait d'excellens avis; il l'exhortait à faire pénitence de ses péchés, à rentrer dans le devoir, à pardonner les injures qu'il avait reçues, et à embrasser l'état de continence, comme il se l'était d'abord proposé, si toutefois sa femme y consentait. Il lui recommandait, dans le cas où il n'obtiendrait pas ce consentement, de vivre saintement dans l'état du mariage, de ne point aimer le monde, d'éviter le mal, de dompter ses passions, de prier, de donner l'aumône, de faire pénitence, et de jeûner autant que sa santé le lui permettrait. On ignore l'impression que ces avis firent sur l'esprit de Boniface. Il s'était trop avancé, et il lui était fort difficile de pourvoir à la sûreté de sa vie. Le saint docteur le voyait bien, et comprenait tout le danger auquel est exposé celui qui s'est laissé entraîner par les jalousies et les intrigues de cour. « Vous me répondrez peut-être, lui disait-il, *que voulez-vous que je fasse dans cette extrémité?* Si vous me consultez sur vos affaires temporelles et sur les moyens d'augmenter votre fortune, je ne peux rien vous répondre. Des choses incertaines excluent la certitude dans les conseils. Mais si vous me consultez sur le salut de votre âme, je sais fort bien ce que j'ai à vous dire. *N'aimez point le monde, ni les choses qui sont dans le monde.* Montrez-vous courageux..... Repentez-vous, priez avec zèle et ferveur, etc. »

Le comte Boniface ayant invité les Vandales à venir en Afrique, ils y passèrent d'Espagne au mois de mai de l'année 428, sous la conduite le Gensé-ric, et au nombre quatre-vingt mille hommes. Possidius, évêque de Calame, auteur d'autant plus digne de foi qu'il était témoin oculaire, décrit les ravages et les horreurs que ces barbares commirent partout où ils passèrent. Ils renversèrent les villes, rasèrent les maisons de la campagne, et massacrèrent la plupart de ceux que la fuite ne put dérober à leur fureur. Quelques-uns périrent dans les tortures ; d'autres terminèrent leur vie par le glaive ; ceux-ci ne furent conservés que pour gémir dans un cruel esclavage. Il y en eut auxquels on arracha la pureté de leurs corps et de leur foi. On n'entendait plus chanter les louanges de Dieu dans les églises, qui, en plusieurs endroits, avaient été consumées par le feu. On n'offrait plus de sacrifices solennels que dans les maisons particulières, ou dans les lieux profanés. S'il se trouvait quelqu'un qui demandât les sacremens, il n'y avait personne pour les lui administrer. Les vierges et les moines étaient dispersés çà et là; ils se sauvaient dans les bois, sur les montagnes, se cachaient au milieu des rochers et dans les cavernes; on leur ôtait la vie quand on les découvrait, ou bien ils mouraient de faim et de misère. Les évêques et les clercs qui n'étaient point tombés entre les mains de l'ennemi, ou qui avaient eu le bonheur de s'échapper, languissaient dans une extrême pauvreté, et manquaient absolument de tout secours. De ce nombre prodigieux d'églises qu'il y avait en Afrique, on n'en comptait que trois qui n'eussent point été endommagées, celles de Carthage, d'Hippone et de Cirthe, parce que les barbares n'avaient point ruiné ces trois villes. Mansuétus, évêque d'Uri, et Papinien, évêque de Vite, expirèrent au milieu des flammes.

Dans cette désolation générale, deux évêques, nommés l'un Quodvultdeus, et l'autre Honorat, consultèrent saint

Augustin sur la conduite qu'ils devaient tenir; ils lui demandaient s'il était permis aux évêques et autres ecclésiastiques de prendre la fuite à l'approche des barbares. Nous n'avons plus la réponse du saint docteur à Quodvultdeus ; mais nous en retrouvons la substance dans celle à Honorat , qui est parvenue jusqu'à nous. Il assure qu'un évêque et un prêtre peuvent fuir et abandonner leur troupeau , quand c'est à eux nommément que l'on en veut , et que le peuple n'est menacé d'aucun danger; ou quand tout le troupeau a pris la fuite, et que personne n'a besoin du ministère du pasteur ; ou bien lorsque d'autres , qui n'ont pas de raison pour fuir, peuvent exercer le même ministère avec plus de fruit. Il dit que, dans tous les autres cas , les pasteurs sont obligés de veiller sur le troupeau que Jésus-Christ leur a confié , et que c'est un crime de l'abandonner ; et il en apporte des preuves qui acquièrent un nouveau degré de force , par le zèle et la charité avec lesquels il les présente. Rien de plus touchant que la manière dont il parle de la désolation d'une ville qui est sur le point d'être prise, et du besoin où elle est alors des ministres de Jésus-Christ. « Quel concours de peuple, dit-il, ne se fait-il pas alors à l'église ! On y voit des personnes de tout âge et de tout sexe; les uns demandent le baptême, les autres la réconciliation; ceux-ci veulent être mis en pénitence; tous cherchent de la consolation. S'il ne se trouve point de ministres, quel malheur n'est-ce pas pour ceux qui meurent sans avoir été régénérés, ou qui étant pénitens, ne peuvent être absous ! Quelle douleur pour leurs parens, s'ils sont fidèles, d'être privés de l'espérance de les voir avec eux jouir du repos éternel ! Quels cris ! Quelles lamentations ! Combien qui s'abandonnent aux imprécations, en se voyant sans ministres et sans sacremens ! Si, au contraire, les ministres n'abandonnent point leur peuple, ils font ressentir à tous les effets du pouvoir qu'ils ont reçu du ciel; les uns sont baptisés, les autres sont réconciliés; personne n'est privé de la communion du corps du Seigneur; tous sont consolés, fortifiés et exhortés à implorer, par de ferventes prières, le secours de la miséricorde divine. »

Cependant l'impératrice Placidie envoya le comte Darius en Afrique pour traiter de la paix. Boniface produisit des témoins pour prouver que le malheur où il se trouvait devait être attribué à la trahison d'Aëtius à son égard. Il rentra dans son devoir, et on lui confia de nouveau le commandement de l'armée impériale ; il tâcha de reprendre l'Afrique ; mais il était trop tard. Il fit d'inutiles efforts pour chasser les barbares, d'abord en les gagnant par argent, puis par la force des armes.

Le comte Darius écrivit à saint Augustin en termes fort respectueux, et le pria de lui envoyer son livre des *Confessions*. Le saint lui répondit avec beaucoup d'humilité, et en homme qui se croyait bien éloigné d'avoir les vertus qu'on lui attribuait. « C'est, disait-il, une grande confusion de ne point trouver en soi ce que les autres y louent. Les caresses de ce monde, ajoutait-il, sont plus dangereuses que ses persécutions. »

Il ressentait plus vivement que personne le triste état où son pays était réduit. Sa douleur venait non-seulement des calamités extérieures, mais de la perte de tant d'âmes qui devait en être la suite. Il priait Dieu ou de faire cesser de si grands maux, ou de donner à son peuple le courage et la résignation dont il avait besoin ; il le conjurait encore de l'appeler à lui, afin de ne le pas laisser plus long-temps le spectateur oisif de tant de fléaux. Lorsqu'il en entretenait ses diocésains, il les leur représentait comme la punition de leurs péchés ; il leur parlait en même temps de la miséricorde infinie de Dieu, ainsi que de la profondeur et de la justice de ses jugemens, et il les exhortait à détourner par la pénitence les coups de la vengeance céleste.

Le comte Boniface ayant livré bataille aux ennemis, fut défait et se sauva à Hippone, qui était la plus forte place de l'Afrique. Possidius et plusieurs autres évêques voisins s'y sauvèrent aussi. Les Vandales arrivèrent devant cette ville à la fin de l'année 430, et l'assiégèrent par terre et par mer. Le troisième mois du siége, qui en dura quatorze, Augustin fut pris de la fièvre. Dès le premier moment de sa maladie, il ne douta point qu'il n'en dût mourir. Au reste, la mort avait été, depuis sa retraite du monde; le principal objet de ses méditations, et il la voyait arriver avec joie, en disant: *Nous avons un Dieu bien miséricordieux.* Il aimait à s'entretenir des dispositions où avait été saint Ambroise dans ses derniers momens, et d'une vision rapportée par saint Cyprien, dans laquelle Jésus-Christ avait dit à un évêque: « Vous craignez de souffrir dans ce monde, et vous n'en voulez point sortir, que ferai-je donc de vous? » Il se rappelait avec plaisir les dernières paroles d'un évêque de ses amis, qui fit la réponse suivante à quelqu'un qui l'assurait qu'il pouvait guérir de la maladie dont il mourut: « Puisque je dois mourir une fois, pourquoi ne voudrais-je pas mourir présentement? »

Nous sommes obligés d'avoir soin de notre santé, et saint Augustin le prouve dans sa lettre à Proba; mais cela n'empêche pas le saint docteur d'enseigner que rien ne prouve mieux qu'on aime Dieu, qu'un désir ardent de voir son âme affranchie des liens du corps, pour lui être uni et le louer éternellement dans le ciel, « Quel amour, dit-il, pouvez-vous avoir pour Jésus-Christ, quand vous craignez d'aller à celui que vous prétendez aimer? O mes frères, comment ne rougissons-nous pas de lui dire que nous l'aimons, tandis que nous ajoutons : je crains que le Seigneur ne vienne! » Il n'était plus maître de lui-même lorsqu'il pensait au jour glorieux de l'éternité, où nous verrons et posséderons celui qui est notre souverain bien. « Alors, dit-il, nous nous unirons à lui de toutes les puissances de notre esprit, de toutes les affections de notre âme; nous le verrons face à face, nous le verrons et nous l'aimerons; nous l'aimerons et nous le louerons... Je ne cesse point de pleurer jusqu'à ce qu'il vienne, et que je paraisse devant lui; et ces larmes me sont aussi agréables que la nourriture. Avec cette soif qui me consume, et qui m'entraîne avec impétuosité vers la fontaine de mon amour, je brûle de plus en plus en voyant mon bonheur différé. Cet ardent désir, qui ne se ralentit jamais, me fait verser des larmes dans la prospérité comme dans l'adversité du monde. Quand je suis bien par rapport au monde, je suis mal avec moi-même, jusqu'à ce que je paraisse devant la face de mon Dieu. » Sa ferveur augmentait encore à mesure qu'il approchait de son dernier moment, et il s'y préparait par tous les exercices de la componction. Il avait coutume de dire à ceux avec lesquels il conversait familièrement, qu'un parfait chrétien, quoiqu'il eût reçu la rémission de ses péchés dans le baptême, ne devait pas pour cela sortir de ce monde sans avoir fait une pénitence proportionnée à ses crimes.

Durant sa dernière maladie, il fit écrire les sept psaumes de la pénitence sur la muraille, en sorte qu'il pût les lire de son lit; et il ne les lisait point sans verser beaucoup de larmes. Pour n'être point interrompu dans ses exercices de piété, il défendit, environ dix jours avant sa mort, que qui que ce fût entrât dans sa chambre, excepté dans le temps où les médecins venaient le voir, et quand on lui apportait la nourriture qu'il devait prendre. Cette défense fut exécutée ponctuellement. La faiblesse de son corps ne diminuait rien de la force de son esprit. Il succomba cependant à la fin, et expira tranquillement le 28 août 430, à l'âge de soixante-seize ans, dont près de quarante s'étaient passés dans les travaux du ministère. Il ne fit point de testament, parce qu'il ne laissait rien qu'il pût léguer. Il recommanda de conserver précieusement la bibliothèque qu'il avait formée pour son église. Possidius dit qu'il assista au sacrifice que l'on offrit pour le recommander à Dieu; ainsi il fut enterré de la même manière que l'avait été sa mère.

On lit dans le même auteur, que le saint étant attaqué de la maladie dont il mourut, imposa les mains à un malade qu'on lui avait amené en conséquence d'une vision, et qu'il lui rendit la santé; il ajoute qu'il délivra du démon plusieurs possédés, par la vertu de ses prières, lorsqu'il n'était encore que simple prêtre, et après qu'il eut été élevé à l'épiscopat. On peut lire dans sa vie, par le docte et pieux Woodhéad, l'histoire de plusieurs autres miracles qu'il opéra.

On crut que ce fut par un effet de ses prières que la ville d'Hippone résista aux barbares pendant les quatorze mois qu'ils l'assiégèrent. Le comte Boniface, ayant depuis hasardé une bataille contre eux, ne fut pas plus heureux qu'il ne l'avait été auparavant. Il s'enfuit en Italie, et les habitans d'Hippone se retirèrent dans les contrées éloignées, abandonnant leur ville aux ennemis, qui y entrèrent et en réduisirent une partie en cendres. Les Barbares, tout ariens qu'ils étaient, respectèrent le corps du saint, qui avait été enterré dans l'église, dite anciennement *de la Paix*, mais qui portait alors le nom *de Saint-Etienne*, à cause d'une portion des reliques de ce saint martyr, qui y avaient été déposées en 424; ils épargnèrent aussi sa bibliothèque.

Le véritable martyrologe de Bède porte que le corps du saint docteur fut porté en Sardaigne; qu'on le racheta depuis des Sarrasins, et qu'en 722 on le déposa dans l'église de Saint-Pierre à Pavie. Olrad, archevêque de Milan, ou du moins quelque auteur du neuvième siècle, écrivit, par l'ordre de Charlemagne, l'histoire de cette translation, d'après les archives qui se gardaient à Pavie. Il y est dit que les évêques bannis en Sardaigne par Hunéric, en 484, y emportèrent avec eux les reliques du saint, et qu'elles restèrent dans cette île jusqu'au temps du pieux et magnifique Luitprand, roi des Lombards, qui les obtint des Sarrasins, au moyen d'une somme d'argent considérable. Ce prince les cacha dans un mur de brique, après les avoir renfermées dans trois coffres, l'un de plomb, l'autre d'argent, et le troisième de marbre. Le nom d'*Augustin* fut gravé en plusieurs endroits sur le dernier de ces coffres. Ce précieux trésor fut trouvé dans le même état en 1695. L'évêque de Pavie vérifia ces reliques en 1728, et reconnut qu'elles étaient incontestablement de notre saint docteur. Sa sentence fut confirmée la même année par le pape Benoît XIII. L'église de Saint-Pierre de Pavie porte présentement le nom du saint; elle est desservie par des chanoines réguliers qui suivent sa règle, et par des religieux augustins.

Le nom de notrè saint se trouve dans le martyrologe dit de saint Jérôme et dans celui de Carthage, qui est du sixième siècle. Nous lisons, dans la vie de saint Césaire, que du temps de ce saint évêque, on célébrait la fête de saint Augustin avec beaucoup de solennité. Elle est d'obligation dans tous les pays qui obéissent au roi d'Espagne.

Un concile général ayant été convoqué à Ephèse en 431 pour proscrire la doctrine de Nestorius, l'empereur Théodose y invita saint Augustin par un rescrit particulier : mais l'envoyé le trouva mort en arrivant.

Ce saint, après avoir été l'oracle de son temps, l'a été encore des principaux d'entre les Pères latins qui ont vécu depuis; aussi se sont-ils contentés, pour la plupart de le copier; et ont-ils toujours fait profession d'être attachés à ses principes. Pierre Lombard, saint Thomas d'Aquin, et les plus célèbres théologiens ont marché sur leurs traces. Les conciles ont souvent emprunté les paroles de ce saint docteur pour exprimer leurs décisions. Plusieurs papes et un grand nombre d'hommes illustres ont rendu à sa doctrine le témoignage le plus éclatant.

Les prétendus réformateurs s'accordent en ce point avec les catholiques. « L'Eglise, dit Luther, n'a point eu, depuis les apôtres, de docteur plus estimable que saint Augustin. Après l'Ecriture, dit-il ailleurs, il n'y a point de docteur dans l'Eglise que l'on puisse comparer à Augustin. » C'était, au rapport du docteur Couel, « un homme qui, pour les sciences divines et humaines, l'a emporté sur tous ceux qui l'ont précédé ou qui le suivront, si l'on en excepte les auteurs inspirés. Il est, suivant le docteur Field, le plus grand de tous les Pères, et le plus digne théologien que l'Eglise de Dieu ait eu depuis les temps apostoliques. » Forester l'appelle le monarque des Pères. Jacques Brucker, dans son histoire critique de la philosophie, donne les plus grands éloges à son génie, à sa pénétration, à l'étendue de ses connaissances, et lui accorde la supériorité sur tous les hommes célèbres qui parurent dans le même siècle. Il l'appelle ailleurs, *l'astre brillant de la philosophie.* Nous finirons par un passage d'Erasme qui dit, en parlant de saint Augustin, « que c'est un Père singulièrement excellent, et qu'il occupe la première place parmi les plus grands ornemens et les plus éclatantes lumières de l'Eglise. »

L'éminente sainteté de saint Augustin avait sa source dans l'humilité. Il avait suivi la règle qu'il traçait lui-même aux autres. « En vain, dit-il, voudrait-on parvenir à la vraie sagesse par une voie différente de celle que Dieu nous a marquée. Si l'on me demande quel est le précepte qui occupe la première, la seconde, la troisième place, je répondrai que c'est l'humilité, et je donnerai la même réponse toutes les fois que l'on me fera la même question. Ce n'est pas qu'il n'y ait d'autres préceptes : mais si l'humilité ne précède, n'accompagne et ne suit, l'orgueil enlève de nos mains tout ce que nous faisons de bien.....

Comme on demandait à Démosthène, le prince des orateurs, lequel des préceptes de l'éloquence devait être observé le premier, il répondit que c'était le débit. La même question lui ayant été faite une seconde, une troisième fois, il donna toujours la même réponse. Ainsi, lorsque vous m'interrogerez par rapport aux préceptes de la religion, sur celui qui doit aller le premier, je ne vous dirai autre chose sinon que c'est l'humilité. Notre Seigneur s'est anéanti pour nous enseigner cette vertu, à laquelle s'oppose une certaine science, qui est une véritable ignorance. »

FIN DE LA VIE DE S. AUGUSTIN.

DE

LA PAIX DE L'AME,

ET DU

BONHEUR D'UN CŒUR

QUI MEURT A LUI-MÊME POUR VIVRE A DIEU.

CHAPITRE PREMIER.

De quelle nature est le cœur humain, et de la manière de le gouverner.

DIEU n'a fait le cœur humain que pour l'aimer et en être aimé. L'excellence de la fin de sa création doit donc le faire considérer comme le plus grand et le plus noble de ses ouvrages.

C'est uniquement de son gouvernement que dépend la vie ou la mort spirituelle.

La science n'en doit pas être fort difficile, puisque son caractère est de faire toutes choses par amour, et de ne rien faire par force.

Nous n'avons qu'à veiller doucement et sans violence sur les mouvemens par lesquels nous agissons;

Voir d'où ils viennent, et où ils tendent;

Si ces mouvemens partent du cœur, qui est la source de l'amour divin; ou de l'esprit, qui est la source de la vanité humaine.

Vous connaîtrez que c'est le cœur qui vous fait agir dans vos bonnes œuvres par le motif de l'amour, quand tout ce que vous faites pour Dieu ne vous paraît rien, et quand, en faisant ce que vous pouvez, vous avez honte de faire si peu.

Et vous devez juger que c'est l'esprit mu et excité par des intérêts humains, quand les bonnes œuvres que vous faites ne vous laissent, au lieu des vertus douces, humbles et tranquilles, que des vapeurs et des illusions de vaine gloire, qui vous font croire que vous avez beaucoup fait, quand vous n'avez rien fait de bien.

La guerre humaine dont parle Job, consiste en ces veilles que nous devons faire continuellement sur nous-mêmes.

Elles ne doivent être ni chagrines ni inquiètes; au contraire, leur but principal est de donner le repos à l'âme, de calmer et apaiser les mouvemens quand on la sentira inquiète et agitée dans son action, ou dans sa prière; car l'on doit être persuadé que l'on ne saurait bien prier en cet état, que l'âme ne soit mise dans sa première assiette.

Sachez que vous n'avez besoin pour cela que du seul attrait de la douceur, et que c'est la seule chose qui peut la faire revenir de son égarement, et lui rendre sa première tranquillité.

CHAPITRE II.

Du soin que l'âme doit avoir de s'acquérir une parfaite tranquillité.

Cette attention douce et paisible, mais surtout persévérante sur notre cœur, nous conduira sans peine à de grandes choses; non-seulement elle nous fera prier et agir doucement et aisément, mais souffrir sans fâcherie, ce qui fait le sujet de l'emportement de tous les hommes, le mépris et l'injustice.

Ce n'est pas que pour acquérir cette paix intérieure, il ne faille essuyer beaucoup de travaux, et que faute d'expérience nous ne soyons souvent battus par ces ennemis puissans qui sont au-dedans de nous; mais soyons certains que, pourvu que nous les voulions combattre, nous ne manquerons ni de secours, ni de consolation en cette guerre; que nos ennemis s'affaibliront, que leurs forces se dissiperont, et que notre domination sur nos mouvemens s'établira ; et qu'enfin nous donnerons à notre âme ce précieux repos qui doit faire sa béatitude dès cette vie.

S'il arrive que l'émotion soit trop forte pour se laisser vaincre, ou le poids de l'affliction trop pesant pour être supporté de nous-mêmes, courons à l'oraison, prions et persévérons en la prière; Jésus-Christ pria trois fois au jardin des Olives, pour nous apprendre que l'oraison doit être le remède et la consolation de tout esprit affligé.

Prions toujours jusqu'à ce que nous sentions notre intérieur soumis, notre volonté rangée à celle de Dieu, et que notre âme soit revenue à sa première tranquillité.

Ne la laissons pas troubler par la précipitation de nos actions extérieures; quand nous ferons quelque ouvrage de corps ou d'esprit, travaillons-y posément ou paisiblement, sans nous prescrire de temps pour l'achever, ni nous empresser d'en voir la fin.

Nous ne devons avoir qu'une seule principale intention, qui est de conserver en nous la mémoire et le souvenir de Dieu avec humilité et tranquillité, sans nous soucier de rien que de lui plaire.

Si nous y mêlons quelqu'autre chose, notre âme se remplira de trouble et d'inquiétude; nous tomberons fort souvent, et les peines que nous aurons à nous relever de nos chutes nous feront assez sentir que tout notre mal vient de ce que nous voulons tout faire selon notre humeur, et accomplir notre propre volonté en toutes nos actions; ce qui fait que, quand elles réussissent, nous nous en payons nous-mêmes par de vaines complaisances: et quand elles ne réussissent pas nous nous remplissons de chagrin, de trouble et d'inquiétude.

CHAPITRE III.

Que cette demeure pacifique doit s'édifier peu à peu.

Rejetez de votre esprit tout ce qui peut l'élever ou l'abaisser, le troubler ou l'inquiéter; travaillez doucement à lui acquérir ou à lui conserver sa tranquillité; car Jésus-Christ a dit : Bienheureux sont les pacifiques; apprenez de moi que je suis doux et humble de cœur. Ne doutez point que Dieu ne couronne ce travail, et qu'il ne fasse dans votre âme une maison de délices; tout ce qu'il demande de vous, est qu'autant de fois que les mouvemens des sens et des passions vous agiteront, vous preniez à tâche de rabaisser ces fumées, de calmer et apaiser ces tourbillons, et de redonner la paix à vos actions.

Comme une maison ne se bâtit pas toute en un jour, aussi l'acquisition de ce trésor intérieur n'est pas une entreprise de peu de temps.

Mais la perfection de cette œuvre désire deux choses essentielles : l'une, que ce soit Dieu même qui s'édifie sa demeure au-dedans, l'autre, que ce bâtiment ait pour fondement l'humidité.

CHAPITRE IV.

Que pour parvenir à cette paix, l'âme doit se défendre de toute consolation.

Le chemin qui conduit à cette paix, que rien n'est capable de troubler, est presque inconnu du monde. L'on y embrasse les tribulations, comme les mondains font des plaisirs; l'on y ambitionne les mépris et les opprobres, comme ils font de la gloire et des honneurs; l'on y travaille tout autant à fuir et à être fui, à quitter et à être quitté des hommes, que font les gens du monde à être recherchés, caressés et estimés des grands.

Mais l'on y professe en toute humilité la sainte ambition de n'être connu, regardé, consolé et favorisé que de Dieu seul.

L'âme chrétienne y apprend à demeurer seule avec son Dieu, et à se tenir si forte de sa divine présence, qu'il n'y a ni peine ni tourmens qu'elle ne voulût souffrir pour sa gloire et pour son amour.

L'on y apprend que la souffrance efface le péché, qu'une affliction bien endurée est un trésor pour l'éternité, et que souffrir avec J.-C., doit être toute l'ambition d'une âme qui veut approcher de sa glorieuse conformité.

L'on y enseigne que s'aimer soi-même, faire ses volontés, suivre les mouvemens de ses sens, contenter ses appétits, et se perdre, est tout une même chose.

Qu'il ne faut pas même faire le bien auquel notre volonté se porte, que nous ne l'ayons soumise à celle de Dieu, en simplicité et humilité de cœur, pour n'en faire que ce que sa majesté en ordonnera, sans recherche de nous-mêmes.

Nous nous portons souvent à de bonnes actions, par de fausses lumières, ou par un zèle indiscret; nous trouvons quelquefois en nous de faux prophètes, qui, sous des apparences de brebis, cachent des loups ravissans.

Mais l'âme les connaîtra à leurs fruits quand elle se trouvera troublée ou inquiétée, ses sentimens d'humilité altérés, sa récollection dissipée; qu'elle n'aura plus sa paix et sa tranquillité, et qu'elle verra qu'elle a perdu en un moment ce qu'elle avait acquis avec beaucoup de temps et de travail.

L'on tombe quelquefois dans ce chemin, mais on s'humilie de ses fautes; l'humilité nous en relève, et nous fait prendre des résolutions de veiller sur nous de plus près à l'avenir.

Il peut être que Dieu permette que nous fassions des fautes, pour humilier en nous quelque orgueil que notre amour-propre nous tient caché.

L'âme peut aussi quelquefois souffrir les atteintes des tentations de pécher, mais il ne faut pas qu'elle s'en trouble; elle doit s'en retirer avec douceur sans contention, et se remettre dans son premier calme, sans excès, ni du côté de la joie, ni du côté de la tristesse.

Enfin, nous n'avons qu'une chose à faire, qui est de garder notre âme paisible, nette et pure devant Dieu; nous le trouverons au dedans de nous, et nous connaîtrons par expérience, que sa divine volonté tend toujours au bien et à l'utilité de sa créature.

CHAPITRE V.

Que l'âme doit se tenir seule et détachée, afin que Dieu fasse en elle tout son bon plaisir.

Si nous sommes persuadés de l'estime que nous devons faire de notre âme, comme d'un temple destiné à la demeure de Dieu, prenons garde que nulle chose du monde ne l'occupe; espérons au Seigneur, et attendons sa venue en elle avec confiance. Il y entrera s'il la trouve seule et détachée; seule, sans autre pensée que celle de le recevoir; seule, sans autre désir que celui de sa présence; seule, sans autre amour que le sien; seule, enfin, sans autre volonté que son bon plaisir.

Ne faisons rien d'extraordinaire de nous-mêmes, pour mériter de loger chez nous celui que tous les êtres créés ne sauraient comprendre.

Suivons pas à pas celui qui nous guide, n'entreprenons, sans notre directeur, ni travail, ni peine de notre choix pour l'offrir à Dieu.

C'est assez que nous tenions notre intérieur toujours prêt et disposé à souffrir, pour son amour, tout ce qu'il lui plaira, et en la manière qu'il lui plaira.

Celui qui fait ce qu'il désire, ferait mieux de se reposer, et laisser la divine majesté faire en lui ce qu'elle voudra.

Notre volonté ne doit jamais entretenir aucun engagement, mais être toujours toute libre et détachée.

Et puisqu'il ne faut jamais faire ce qu'on désire, soyons persuadés qu'il ne faut rien désirer; ou si nous désirons quelque chose, que ce soit de telle manière, que le succès contraire puisse nous laisser l'esprit en repos, comme si nous n'avions rien désiré.

Nos désirs sont nos chaînes; y être attaché, c'est être esclave; mais n'en avoir point, ou n'en être point lié, c'est être libre.

Dieu demande notre ame ainsi seule, une et détachée, pour y opérer ces merveilles, et la glorifier presque dès cette vie. O sainte solitude! ô bienheureux désert! ô ermitage glorieux, où l'âme peut avoir si aisément la jouissance de son Dieu! N'y courons pas seulement, mais demandons des aîles de colombe pour y voler et y prendre un saint repos; ne nous arrêtons point dans le chemin, ne nous amusons point à saluer personne; laissons les morts ensevelir les morts; nous, allons à la terre des vivans, nous ne sommes point du partage de la mort.

CHAPITRE VI.

Qu'il faut user de prudence en l'amour du prochain, pour ne point troubler la paix de l'âme.

Dieu ne fait point sa demeure dans une âme, qu'il ne l'embrase d'amour pour lui et de charité pour le prochain,

Jésus-Christ a dit qu'il est venu mettre le feu en terre.

L'amour de Dieu ne doit point avoir de bornes; mais la charité que nous devons avoir pour le prochain doit avoir ses mesures et ses limites. On ne saurait trop aimer Dieu, mais on peut trop aimer le prochain; si cet amour n'est menagé, il n'est capable que de nous perdre : nous pouvons nous détruire en pensant édifier les autres. Aimons de telle sorte notre prochain, que notre âme n'en reçoive point de dommage; le plus sûr est de ne rien faire par le motif seul de donner exemple aux autres, et de leur servir de modèles, de peur qu'en pensant les sauver, nous ne nous perdions; faisons nos actions simplement et saintement, sans autre intention que de plaire à Dieu; quand nous saurons nous humilier et reconnaître ce que c'est que nos bonnes œuvres, nous n'en ferons pas assez de cas pour croire que ce qui nous profite si peu puisse beaucoup profiter aux autres. Il n'est pas besoin que nous soyons si zélés à l'égard des âmes que la nôtre en perde son corps.

Nous aurons cette soif ardente de leur illumination quand il aura plu à Dieu de l'exciter en nous ; mais il la faut attendre de l'opération divine, et ne pas penser que nous la puissions acquérir par notre sollicitude et notre zèle indiscret. Conservons à notre âme la paix et le repos d'une sainte solitude ; Dieu le veut de cette sorte, pour la lier et l'attacher à lui. Tenons-nous aussi au dedans de nous, en attendant que le maître de la vigne vienne nous louer. Dieu nous revêtira de lui quand il nous trouvera nus et dépouillés de tous les soucis et les désirs de la terre : il se souviendra de nous quand il verra que nous nous serons oubliés nous-mêmes ; la paix régnera en nous, et son divin amour nous fera agir sans trouble, mettra la modération et la tempérance dans tous nos mouvemens, et nous ferons toutes choses dans le saint repos de cette paix toute d'amour, où se taire c'est parler, et tout faire, que ne rien faire que se tenir libre et docile à toutes les opérations de Dieu ; parce que c'est sa divine bonté qui doit tout faire en nous et avec nous, sans désirer de nous autre chose, sinon que nous tenant toujours humbles devant lui, nous lui présentions une âme possédée d'un seul désir, qui est que son divin bon plaisir s'accomplisse en elle le plus parfaitement qu'il se pourra.

CHAPITRE VII.

Que l'âme doit être dépouillée de toute propre volonté pour se présenter devant Dieu.

Venez à moi, vous tous qui travaillez, et qui êtes chargés, si vous voulez être délassés de vos travaux; et vous tous qui avez soif, venez à la fontaine des eaux, si vous voulez être désaltérés. C'est la semonce que nous fait Jésus-Christ en deux endroits des saintes Ecritures. Suivons cette vocation divine, mais sans effort ni précipitation, en paix et avec douceur, nous remettant avec respect et confiance en l'amoureuse toute-puissance qui nous appelle.

Attendons en esprit de paix la venue de l'esprit qui donne la paix : ne pensons qu'aux choses par lesquelles il doit être désiré, aimé et glorifié ; et soyons soumis et fidèles à ce qu'il voudra faire de nous.

Ne forçons jamais notre cœur, de peur que s'il venait à s'endurcir, il ne pût être capable du saint repos qu'il nous est commandé d'acquérir.

Mais accoutumons-le doucement à ne s'entretenir que des bontés, de l'amour et des bienfaits de Dieu envers ses créatures, et à se nourrir de cette manne délicieuse que l'assiduité de cette méditation fera pleuvoir dans nos âmes avec des douceurs inconcevables.

Ne faisons nul effort pour répandre des larmes, ni pour faire naître en nous des sentimens de dévotion que nous n'avons pas ; laissons notre cœur se reposer intérieurement en Dieu, comme en son centre, et ne nous lassons point d'espérer que la volonté de Dieu se fera en nous.

Il nous donnera des larmes en son temps ; mais ces larmes seront douces, humbles, amoureuses et tranquilles; vous connaîtrez à ces marques la source d'où elles coulent; et vous les recevrez comme la rosée du Ciel en toute humilité, révérence et actions de grâces.

Ne présumons, ni de savoir, ni d'avoir, ni de vouloir aucune chose; le commencement et la fin, le nœud et la clef de l'ouvrage spirituel, c'est de ne rien fonder sur soi-même, sur ce qu'on sait, sur ce qu'on a, mais se tenant en état d'une abnégation parfaite, de demeurer comme la Madeleine aux pieds de notre Seigneur Jésus-Christ sans se troubler comme Marthe.

Quand vous chercherez Dieu par la lumière de l'entendement, pour vous reposer en lui, que ce soit sans comparaison, termes, ni limites; car il est hors de comparaison, il est partout sans division de parties, et toutes choses se trouvent en lui.

Concevez une immensité qui n'a point de bornes, un tout qui ne saurait être compris, une puissance qui a tout fait, qui maintient toutes choses, et dites à votre âme que c'est son Dieu.

Contemplez et admirez-le incessamment; il est partout, il est dans votre âme, il en veut faire ses délices, selon sa parole; et quoiqu'il n'ait en rien besoin d'elle, il veut la faire digne de lui.

Mais en cherchant ces vérités divines par le secours de l'entendement, faites qu'elles donnent à votre volonté des affections douces et tranquilles.

Vous ne devez ni négliger, ni limiter vos dévotions, en sorte que vous soyez comme obligé à faire, méditer ou lire tant de choses, tant de temps, ou tant de chapitres; mais que votre cœur demeure toujours libre, pour s'arrêter où il trouvera à se reposer et être prêt à jouir du Seigneur, lorsqu'il voudra se communiquer à vous, sans vous mettre en peine de n'avoir pas fait ou dit tout ce que vous vous étiez proposé de faire ou dire : laissez là le reste sans scrupule, et n'écoutez aucune autre pensée sur ce sujet, parce que l'unique fin de vos exercices étant de tendre à Dieu, quand cette fin est trouvée, les moyens doivent cesser.

Dieu veut nous mener par le chemin

qu'il lui plaît ; et quand nous nous imposons des obligations de faire ou de dire telle ou telle chose, que nous avons en tête le soin de nous en acquitter, et que nous nous sommes fait des nécessités de ces choses purement imaginaires, nous cherchons Dieu en le fuyant, nous lui voulons plaire sans faire sa volonté, et nous ne nous mettons pas en état qu'il puisse rien faire de nous.

Si vous voulez marcher heureusement dans ce chemin et parvenir sûrement à la fin où il conduit, ne cherchez et ne désirez que Dieu ; en quelque part que vous le trouviez, et qu'il se présente à vous, demeurez-là, ne passez pas outre qu'il ne vous en donne congé ; prenez avec lui le repos des saints, et quand sa majesté se sera retirée, vous pourrez en continuant vos exercices, vous remettre à le chercher, à vouloir et désirer le trouver ; et l'ayant retrouvé, tout quitter pour en jouir.

Cette leçon est d'un extrême profit, et mérite d'être retenue et pratiquée ; car l'on voit plusieurs personnes ecclésiastiques, qui se perdent dans la lassitude du travail de leurs exercices, sans en avoir pu jamais tirer de profit ni de repos, parce qu'il leur semble toujours qu'ils n'ont rien fait, s'ils n'ont achevé toute leur tâche, et qu'en cela consiste la perfection, qui est une vie d'hommes de journées, esclaves de leur volonté, qui ne parviennent jamais à la véritable paix intérieure, qui est le lieu du Seigneur, le sanctuaire où Jésus-Christ habite.

CHAPITRE VIII.

De la foi qu'on doit avoir au saint Sacrement de l'autel, et comment nous nous devons offrir à Dieu.

Notre foi et notre amour pour le saint Sacrement, ne doivent jamais demeurer en même état, mais tous les jours s'accroître, se fortifier et se naturaliser en nous de plus en plus.

Approchons-nous-en avec une volonté préparée à toutes sortes de souffrances, d'afflictions, de tribulations, de faiblesses et de sécheresses pour l'amour de lui.

Ne demandons pas qu'il se convertisse en nous, mais bien qu'il nous convertisse en lui.

Ne lui faisons point de grand discours : nos admirations et nos joies doivent remplir toute notre âme, et consommer toutes ses fonctions en sa présence; l'esprit admirera cet incompréhensible mystère, et le cœur s'épanouira de joie à la vue d'une si grande majesté, cachée sous de si petites espèces.

Ne désirons point qu'il se montre à nous d'une autre manière, et souvenons-nous qu'il a dit, que bienheureux sont ceux qui ne l'ont pas vu et ont cru en lui.

Il faut surtout être fidèle et constant dans ses exercices, et persévérer dans la pratique des moyens de purifier et simplifier notre âme toujours avec repos et douceur.

Tant que ces pratiques ne seront

point abandonnées, la grâce de la persévérance ne nous abandonnera point.

Il est impossible qu'une âme qui a goûté ce repos spirituel puisse retourner à la manière de vivre du monde; car ce lui serait un tourment tout-à-fait insupportable.

CHAPITRE IX.

Que l'âme ne doit chercher de repos ni de plaisir qu'en Dieu.

Une âme, à qui rien ne plaît du monde que les persécutions et les mépris, qui n'aime et ne désire rien de tous les biens qu'il veut donner, et ne craint rien de tous les maux qu'il peut faire; qui fuit les uns comme le poison, et qui cherche les autres comme ses délices, est en état de recevoir de grandes consolations de Dieu, pourvu que sa confiance soit toute en lui, et qu'elle ne présume rien de ses forces. Le courage de saint Pierre était grand quand il disait hautement qu'il voulait mourir avec Jésus-Christ; cette volonté déterminée était apparemment fort bonne, mais en effet elle avait un vice, c'est que c'était sa volonté propre, et ce vice fut la cause de sa chute, tant il est vrai que nous ne saurions rien penser ni rien faire qui soit bon, sans le secours de la puissance de Dieu.

Tenons notre âme libre de toute sorte de désirs, qu'elle soit tout entière à son action, présente à ce qu'elle fait, à ce qu'elle pense, sans souffrir que les soins de ce qu'elle fera ou pensera hors de l'instant de son action, la tiennent aucunement partagée.

Néanmoins il n'est défendu à personne de s'appliquer à ses affaires temporelles, par une sollicitude prudente et avisée, selon la nécessité de son état; ces choses prises comme il faut, sont l'ordre de Dieu, et n'empêchent nullement la paix intérieure et l'avancement spirituel.

Nous ne saurions rien faire de mieux pour bien employer le présent, que de toujours offrir à Dieu notre âme nue et dépouillée de tous désirs, et nous tenir devant sa divine majesté, comme un pauvre, faible et languissant, qui n'a rien, et qui ne saurait rien faire, ni rien gagner.

Cette liberté d'esprit sans engagement en nous et hors de nous pour dépendre absolument de Dieu, est l'essentiel de la perfection.

Il n'est pas concevable quels soins la divine bonté daigne prendre d'une créature qui est ainsi tout à elle.

Il lui plaît alors qu'elle lui communique son cœur avec confiance. Elle veut bien lui éclaircir et lui résoudre ses difficultés et ses doutes; la relever quand elle est tombée, lui remettre ses fautes toutes les fois qu'il la trouvera préparée à s'en repentir; car Dieu est toujours le prêtre éternel : quelque pouvoir qu'il ait donné à saint Pierre et à ses successeurs, de lier et de délier, il ne s'en est pas privé lui-même tellement, que si son confesseur ne lui veut pas administrer les saints sacremens si souvent qu'elle le désirerait, sa majesté ne la reçoive et ne lui accorde pardon toutes les fois qu'elle vient à lui avec confiance, douleur et amour.

Ce sont les fruits de ce saint attachement.

CHAPITRE X.

Que les obstacles et les répugnances que nous trouverons à cette paix intérieure ne nous doivent point contrister.

Dieu permettra que cette sérénité intérieure, cette solitude de l'âme, cette paix et ce saint repos du cœur se trouveront bien souvent troublés et obscurcis par les mouvemens et les fumées qui s'élèveront de l'amour-propre et de nos inclinations naturelles.

Mais comme sa bonté permet ces choses pour notre plus grand bien, elle aura toujours soin de répandre sur la sécheresse de nos cœurs, la douce pluie de ses consolations, et cette pluie, non-seulement abaissera cette poussière, mais lui fera produire des fleurs et des fruits dignes de l'agrément de sa divine majesté.

Ce renversement de notre tranquillité intérieure, et ces agitations causées par les émotions de l'appétit sensitif, sont les combats où les saints ont gagné les victoires qui leur ont fait mériter leurs couronnes.

Quand vous tomberez dans ces foiblesses, ces dégoûts, ces troubles et ces désolations d'esprit, dites à Dieu d'un cœur aimant et humilié : Seigneur, je suis la créature que vos mains ont formée, et l'esclave que votre sang a racheté; disposez de moi comme de ce qui n'est fait que pour vous, et permettez-moi seulement d'espérer en vous. Bienheureuse l'âme qui saura ainsi s'offrir à Dieu au temps de l'affliction !

Et quoique vous ne puissiez pas sitôt ranger votre volonté à celle de Dieu, il ne faut point vous en attrister, c'est votre croix; il vous commande de la porter et de le suivre; lui-même ne l'a-t-il pas portée, pour vous enseigner à la porter ? Faites réflexion sur son combat du jardin des Olives, sur cette résistance de l'humanité, qui dans ses faiblesses lui faisait dire : Mon père, s'il est possible que je ne boive point ce calice; et sur cette force de son âme, qui, s'élevant au-dessus de la faiblesse du corps, lui faisait aussitôt ajouter d'une humilité profonde : Que ma volonté ne soit pas faite, mais la vôtre.

La faiblesse naturelle vous fera fuir toute peine et toute tribulation : quand elle viendra, vous lui ferez mauvais visage, vous voudriez qu'elle fût bien loin. Mais persévérez en humilité et en prière, tant qu'à la fin vous n'ayez plus de volonté ni d'autres désirs, sinon que le bon plaisir de Dieu se fasse en vous.

Tâchez de faire que la demeure de votre cœur ne soit uniquement que pour Dieu; qu'il n'y ait jamais ni fiel, ni amertume, ni répugnance volontaire à quelque chose que ce soit; n'arrêtez jamais vos yeux, ni votre pensée sur les mauvaises actions d'autrui; et sans y faire de réflexion, passez, allez tout doucement votre chemin, et ne pensez à rien qu'à vous détourner de ce qui peut vous blesser, c'est un grand art pour être à Dieu, que d'outre-passer tout, et de ne s'arrêter à rien.

CHAPITRE XI.

Des artifices dont le démon se sert pour troubler la paix de notre âme, et comment nous pouvons nous en garantir.

Cet ennemi du salut des hommes tend principalement à nous tirer de l'état d'humilité et de la simplicité chrétienne.

Pour y parvenir, il nous porte à présumer quelque chose de nous-mêmes, de notre diligence, de notre industrie, et à nous faire prendre dans notre pensée quelque préférence au-dessus d'autrui, qui sera bientôt suivie du mépris, sous prétexte de quelque défaut.

Il se glisse dans nos âmes par quelqu'un de ces moyens, mais la porte par où il désire le plus d'entrer, c'est la porte de la vanité et de l'estime de nous-mêmes.

Le secret de s'en garantir est de garder toujours le retranchement de la sainte humilité, sans s'en éloigner jamais; de nous confondre et nous anéantir nous-mêmes. Si nous sortons de cet état, nous ne nous défendrons jamais de cet esprit de superbe ; et quand il aura gagné votre volonté par cette voie, il y régnera en tyran, et y fera régner tous les vices.

Ce n'est pas encore tout que de veiller, il faut prier, car il est dit : Veillez et priez. La paix de l'âme est un trésor, que ces deux gardes peuvent seuls conserver.

Ne souffrons point que notre esprit s'agite ni s'inquiète pour quelque chose que ce soit; l'âme humble et tranquille fait toutes choses avec facilité ; les obstacles ne tiennent point devant elle, elle fait le bien et y persévère; mais l'âme troublée et inquiétée fait peu de bien, le fait imparfaitement, se lasse facilement, souffre continuellement, et ses peines ne lui sont d'aucun profit.

Vous discernerez les pensées que vous devez entretenir ou bannir, par la confiance ou la défiance en la bonté et en la miséricorde de Dieu. Si elles vous parlent d'augmenter toujours de plus en plus cette amoureuse confiance, vous devez les recevoir comme des messagers du ciel, en faire vos entretiens et vos délices; mais vous devez bannir et rejeter comme des soufflets du démon, celles qui tendront à vous donner de la défiance de ses infinies miséricordes.

Le tentateur des âmes pieuses leur fait paraître les fautes ordinaires beaucoup plus grandes qu'elles ne sont; leur persuade qu'elles ne font jamais leur devoir, qu'elles ne se confessent pas bien; qu'elles communient trop tièdement, que leurs prières ont de grands défauts, et il travaille ainsi par tous les scrupules, à les tenir toujours troublées, inquiètes et impatientes, et à les porter à quitter leurs exercices, comme si tout ce qu'elles font était sans fruit, comme si Dieu ne les regardait pas, et les avait entièrement oubliées : et toutefois il n'est rien de si faux que ces persuasions. Les utilités que l'on tire des distractions et des sécheresses intérieures, et des fautes que l'on commet dans la dévotion, sont innombrables, pourvu que l'âme entende et comprenne ce que Dieu veut d'elle en cet état, qu'elle prenne patience, et persévère en son œuvre. La prière et l'action d'une âme privée du goût de ce qu'elle fait, est un des plaisirs que Dieu prend en sa créature, disait le grand saint Grégoire, et surtout quand malgré qu'elle soit froide, insensible, comme éloignée de ce qu'elle fait, elle y persévère avec courage; sa patience prie assez pour elle, et fait beaucoup mieux son affaire devant Dieu, que les prières qui sont de son goût. Le même saint dit, que cette nuit intérieure où elle se trouve quand elle prie, est une lumière qui brille en la présence de Dieu; qu'il ne peut rien venir de nous qui soit capable de l'attirer en nous, qu'elle le force même à nous donner de nouvelles grâces.

Ne quittez donc jamais une bonne œuvre pour quelque dégoût que vous en ayez, si vous ne voulez faire ce que demande le démon; et apprenez par la lecture du chapitre suivant, les grands fruits que vous pouvez tirer de votre humble persévérance dans les exercices de piété, au temps de vos plus grandes sécheresses.

CHAPITRE XII.

Que l'âme ne doit point s'attrister à cause de ses tentations intérieures.

Les biens qui procèdent de nos sécheresses spirituelles, et même de nos fautes dans nos exercices, sont assurément infinis; mais ce n'est que par l'humilité et la patience que nous en pouvons faire notre profit; si nous savions bien comprendre ce secret, nous nous épargnerions bien de mauvaises heures et de mauvais jours.

Hélas! que nous avons tort de prendre pour des marques d'aversion et d'horreur de Dieu pour nous, ces précieux témoignages de son divin amour, et de croire que sa colère nous punit, quand sa bonté nous favorise. Ne voyons-nous pas que le sentiment des peines que nous donnent ces sécheresses intérieures ne peut naître que du désir que nous avons d'être bien agréables à Dieu, zélés et fervens aux choses de son service, puisque ce qui nous afflige n'est autre chose que la privation de ces sentimens;

et que ces chagrins et ces dégoûts qui nous accablent, nous persuadent que nous lui déplaisons, comme nous nous déplaisons à nous-mêmes; non, non, soyons certains que c'est un bon effet d'une bonne cause; ces choses n'arrivent qu'à ceux qui veulent vivre en vrais serviteurs de Dieu, et s'éloigner de tout ce qui peut, non pas seulement l'offenser, mais lui déplaire.

Au contraire, nous ne voyons point que les grands pécheurs ni ceux qui vivent de la vie du monde, se plaignent fort de ces sortes de tentations.

C'est une médecine qui n'est pas de notre goût, et contre laquelle notre estomac se soulève; mais elle nous fait des biens merveilleux, sans que nous nous en apercevions : que la tentation soit des plus horribles, et telle que la seule pensée en soit épouvantable et nous scandalise, plus elle nous affligera, plus elle nous humiliera, plus aussi nous en recevrons de profit. C'est ce que l'âme n'entend point et ne comprend point : c'est pourquoi elle ne veut point aller par le chemin où elle ne voit et ne sent rien qui ne lui déplaise et ne l'afflige.

C'est en un mot qu'elle ne voudrait jamais être sans plaisir et sans consolations, et que tout ce qui n'a point cette douceur, passe dans ces sentimens pour un travail sans fruit et sans profit.

CHAPITRE XIII.

Que Dieu nous envoie ces tentations pour notre bien.

Nous sommes naturellement superbes, ambitieux et amis de notre sens; de là vient que nous nous flattons en toutes choses, et que nous nous comptons pour beaucoup plus que nous ne valons.

Mais cette présomption est tellement ennemie du progrès spirituel, qu'il n'en faut que l'odeur, pour peu qu'elles soient goûtées, pour nous empêcher de parvenir à la véritable perfection.

C'est un mal que nous ne voyons pas, mais Dieu qui le connaît et qui nous aime, a toujours soin de nous détromper, de nous faire revenir de cette illusion de l'amour-propre, et de nous ramener à la connaissance de nous-mêmes; n'est-ce pas ce qu'il fit à son apôtre saint Pierre, quand il permit qu'il le déniât, qu'il ne voulût pas reconnaître ce qu'il était, afin qu'il pût revenir à la connaissance de ce qu'il était lui-même, et ainsi perdre cette dangereuse présomption? N'est-ce pas aussi ce qu'il a fait à saint Paul, quand pour préservatif de cette peste de l'âme, et de l'abus qu'il pouvait faire des hautes révélations qu'il avait eues, il a voulu le tenir sujet à une tentation humiliante qui lui fît tous les jours sentir sa faiblesse naturelle.

Admirons la bonté et la sagesse de Dieu qui agit contre nous-mêmes, pour nous-mêmes, qui nous a fait du bien sans que nous le sentions, et quand même nous pensons qu'il nous a fait du mal.

Nous nous imaginons que ces refroidissemens de cœur nous arrivent parce que nous sommes imparfaits, et insensibles aux choses de Dieu. Nous n'avons point de peine à nous persuader qu'il n'est point d'âme plus distraite et plus abandonnée que la nôtre, que Dieu n'a point de serviteurs qui le servent si misérablement et si lâchement que nous; et que les pensées qui nous roulent dans la tête, ne viennent qu'à des gens perdus et abandonnés.

Il se fait donc, par l'opération de cette médecine venue du Ciel, que ce présomptueux qui croyait être quelque chose, commence à se croire indigne du nom de chrétien et le plus méchant homme du monde.

Serait-il jamais descendu de cette élévation de pensée, où nous fait monter l'orgueil naturel? Aurait-il jamais guéri de cette enflure d'orgueil? Ces vapeurs et ces fumées de vanité auraient-elles jamais quitté sa tête et son cœur sans remède?

L'humilité n'est pas le seul profit que que nous tirons des tentations, afflictions et désolations intérieures qui mettent notre âme à sec, et en bannissent tout ce que la dévotion a de sensible: car cet état nous force de recourir à

Dieu, de fuir toutes les choses qui lui peuvent déplaire, et de nous remettre dans la pratique des vertus avec plus d'application qu'auparavant. Ces afflictions nous servent de purgatoire, puisqu'elles nous purgent et nous préparent des couronnes quand elles sont prises avec humilité et patience.

L'âme étant persuadée de ce que nous venons de dire, n'a qu'à penser si elle a sujet de perdre sa paix, et de se troubler pour perdre le goût de la dévotion, et se trouver dans les tentations spirituelles; si elle serait raisonnable d'attribuer à la persécution du démon ce qui lui est envoyé de la main de Dieu, et de prendre les témoignages de son amour, pour des marques de sa haine.

Elle n'a rien à faire, quand elle tombe dans cet état, qu'à s'humilier devant Dieu, qu'à persévérer et à souffrir avec patience le dégoût de ses exercices, à se conformer à sa divine volonté et à tâcher de se conserver en son repos, par cet humble acquiescement à tout ce qui vient de sa main, puisque c'est la main de son Père qui est dans les Cieux.

Au lieu de s'abattre par la tristesse et le découragement, elle doit rendre de nouvelles actions de grâces, et demeurer dans l'état de sa paix et de son abandon aux ordres de Dieu.

CHAPITRE XIV.

Ce qu'il faut faire pour ne point s'affliger de ses fautes.

S'il arrive que vous péchiez d'actions ou de paroles, que quelque événement vous mette en colère, que quelque vaine curiosité vous enlève à vos exercices, que quelque joie immodérée vous transporte, que vous ayez soupçonné du mal de votre prochain, ou que vous tombiez par quelqu'autre voie, même souvent, quoique ce soit dans une même faute, et dans celle dont vous aviez résolu de vous garder, vous ne devez point vous inquiéter, ni même repasser trop dans votre esprit ce qui s'est passé, pour vous affliger et vous déconforter, vous imaginant qu'il n'y aura jamais d'amendement en vous; que vous ne faites pas ce que vous devez dans vos exercices, et que si vous le faisiez, vous ne tomberiez pas si souvent en cette faute : car c'est là une affliction d'esprit, et une perte de temps que vous devez éviter.

Vous ne devez point aussi vous arrêter à éplucher les circonstances du temps de votre faute, s'il a été long ou court, et s'il y a eu plein consentement, ou non, parce que cela ne sert qu'à vous remplir l'esprit d'inquiétude, avant et après vos confessions, comme si vous n'aviez jamais dit ce qu'il faut dire, et de la manière qu'il faut le dire.

Vous n'auriez point toutes ces inquiétudes, si vous connaissiez votre faiblesse naturelle, et si vous saviez la manière dont vous devez agir avec Dieu après vos chutes. Ce n'est point avec ce chagrin et ce découragement intérieur, qui inquiète et qui abat, c'est par une humble, douce et amoureuse conversion à la divine et paternelle bonté, que vous devez recourir à lui, ce qui s'entend, non-seulement des ſautes légères, mais aussi de celles qui sont les plus grandes, non-seulement de celles qui se ſont par tiédeur et lâcheté, mais de celles qui se commettent par malice.

C'est ce que plusieurs personnes ne comprennent pas; car au lieu de pratiquer cette grande leçon de la confiance filiale en la bonté et la miséricorde de Dieu, ils traînent des esprits si abattus, qu'à peine peuvent-ils seulement penser à rien de bon; et mènent une vie misérable et languissante, pour vouloir préférer leurs imaginations à la vraie et salutaire doctrine.

CHAPITRE XV.

Que l'âme doit se calmer sans perdre le temps à chaque inquiétude qui lui arrive.

Que ce soit donc votre règle, autant de ſois que vous tomberez en quelque ſaute, grande ou petite, quand vous l'auriez commise volontairement mille fois le jour, aussitôt que vous reconnaîtrez ce que vous avez ſait, de ſaire réflexion sur votre fragilité, recourir à Dieu d'un esprit humilié, et lui dire avec une douce et aimable confiance : Vous avez vu, mon Dieu, que j'ai fait, ce que je puis ; vous avez vu ce que je suis, le péché ne saurait produire que péché ; vous m'avez fait la grâce du repentir, je supplie votre bonté de m'accorder avec le pardon, celle de ne plus jamais vous offenser. Cette prière étant faite, ne perdez point de temps en vos réflexions inquiètes, pour savoir si le Seigneur vous a pardonné ; remettez-vous humblement et doucement dans vos exercices, sans penser à ce qui est arrivé, avec même confiance et même repos d'esprit qu'auparavant ; quelque nombre de fois que vous soyez tombé, quand ce serait cent mille fois, vous devez faire à la dernière chute la même chose qu'à la première : car outre que c'est retourner toujours à Dieu, qui, comme un bon père est toujours prêt à nous recevoir quand nous venons à lui, c'est que nous ne perdons point le temps en inquiétudes et en chagrins, qui troublent l'esprit et le tiennent long-temps incapable de rentrer dans le calme et la fidélité.

INVOCATION DE DIEU

POUR OBTENIR LA RÉFORME DES MŒURS ET DE LA VIE, TIRÉE DES MÉDITATIONS DE SAINT-AUGUSTIN.

SEIGNEUR mon Dieu, accordez à mon cœur de ne désirer que vous seul, en vous désirant de vous chercher, en vous cherchant de vous trouver, en vous trouvant de vous aimer, en vous aimant d'obtenir le pardon de mes péchés et la grâce de n'en plus commettre. Seigneur mon Dieu, accordez à mon cœur la pénitence, à mon esprit la contrition, à mes yeux une source de larmes; faites que mes mains répandent d'abondantes aumônes. Mon unique souverain, éteignez en moi les désirs de la chair, et embrasez-moi du feu de votre amour. Mon Rédempteur, dépouillez-moi de l'esprit d'orgueil, et ouvrez-moi les trésors de votre humilité. Mon Créateur, délivrez-moi de tout sentiment de haine et pénétrez-moi de l'esprit de douceur. Père très-miséricordieux, donnez-moi une foi vive, une ferme espérance et une charité intarissable.

O mon divin Maître, rejetez loin de moi la vanité de l'esprit, l'inconstance de l'imagination, les déréglemens du cœur, les paroles inutiles, l'élévation des yeux, les excès de la gourmandise; préservez-moi d'outrages envers mon prochain, du vice de la calomnie, des attraits de la curiosité, de l'amour des richesses, des tentations de la vaine gloire et des honneurs; préservez-moi du mal de l'hypocrisie, du poison de la flatterie, du mépris de la pauvreté, de l'oppression des faibles, des tourmens de l'avarice, de la corruption de la jalousie, de la mort du blasphème.

Déracinez en moi, ô mon divin Père, la témérité, l'injustice, l'opiniâtreté, l'agitation des pensées, l'oisiveté, la nonchalance, la paresse, l'engourdissement de l'esprit, l'aveuglement du cœur, l'attrait des plaisirs sensuels, la rudesse des manières, l'éloignement de la vertu, la répugnance à recevoir des conseils, les dérèglemens de la langue; ne permettez pas ô mon Dieu que j'emploie la persécution contre les pauvres, la violence contre les faibles, la calomnie contre l'innocence; que je mette de la lenteur à secourir celui qui réclame mon secours, que j'aie trop de sévérité envers les domestiques, que je viole mes devoirs envers mes parens, que j'use de dureté envers le prochain.

Mon Dieu, vous qui êtes pour moi la miséricorde même, je vous en supplie par votre Fils bien-aimé, inspirez-moi les œuvres de la miséricorde et l'amour de la piété; faites-moi la grâce de gémir avec ceux qui souffrent et qui sont dans le besoin, de consoler et de ranimer ceux qui sont dans l'affliction et dans les larmes, de soutenir les opprimés, de soulager les pauvres, d'exercer l'hospitalité, de remettre à ceux qui me doivent, de pardonner à ceux qui m'offensent, d'aimer ceux qui me haïssent, de rendre le bien pour le mal, de ne mépriser personne, au contraire, d'honorer tous les hommes; faites que j'imite les bons, et que je me tienne en garde contre la séduction des méchans; qu'enfin, j'embrasse toutes les vertus, et repousse loin de moi tous les vices. Seigneur mon Dieu, accordez-moi la patience dans l'adversité, la continence dans la prospérité; mettez une garde à ma bouche, et une porte autour de mes lèvres; faites, ô mon Dieu, que je foule aux pieds toutes les vanités du monde, et que je n'aie de désir et d'amour que pour les biens du ciel !

ORAISON DE S. AUGUSTIN,

TIRÉE DU LIVRE DE SES MÉDITATIONS.

Seigneur Dieu tout-puissant qui êtes un seul Dieu en trois personnes; Dieu de toute éternité et Créateur de l'univers, Dieu qui êtes béni dans tous les siècles, je mets aujourd'hui et pour toujours mon âme et mon corps sous votre protection ; je mets en votre garde tous mes sens, la vue, l'ouïe, le goût, l'odorat et le toucher; je vous consacre toutes mes pensées, mes affections, mes paroles et mes actions; je vous recommande mon esprit, mon intelligence, ma mémoire, ma foi, ma croyance et ma persévérance, toutes les choses extérieures et intérieures; je dépose tout entre les mains de votre puissance; veillez sur moi, mon Dieu, le jour, la nuit, à toutes les heures et à tous les momens. Exaucez-moi, adorable Trinité; préservez-moi de tout mal, de tout scandale, de tout péché mortel; délivrez-moi des embûches et des efforts des démons, de mes ennemis visibles et invisibles. Je vous en supplie par les prières des patriarches, par les mérites des prophètes, par les suffrages des apôtres, par la constance des martyrs, par la foi des confesseurs, par la pureté des vierges, et par l'intercession de tous les saints qui ont mérité de vous être agréables depuis la création de l'univers.

Rejetez loin de moi la vanité de l'esprit, et fortifiez en moi la componction du cœur; réprimez mon orgueil et perfectionnez en moi la véritable humilité; forcez mes yeux à répandre des larmes de repentir, et attendrissez mon cœur qui est sec et dur comme un caillou; délivrez-moi, Seigneur, délivrez mon âme de tous les piéges de son éternel ennemi, et affermissez-moi dans votre sainte volonté; enseignez-moi, Seigneur, vos commandemens et votre loi, car vous êtes mon Dieu. Seigneur, donnez à mon esprit assez de pénétration et d'intelligence pour qu'il puisse comprendre toute l'étendue de votre bonté. Faites que je ne vous demande rien autre chose que ce qui vous plaît, et ce qui convient au salut de mon âme. Accordez-moi les larmes d'une parfaite contrition, afin qu'elles parviennent à détruire la chaîne de mes iniquités.

Ecoutez, mon Seigneur et mon Dieu, écoutez, vous qui êtes la lumière de mes yeux, écoutez favorablement ma prière, et daignez l'exaucer; si vous la méprisez, je péris; si vous l'agréez, j'ai la vie; si vous me jugez selon mon jugement, je suis mort, déjà je sens mauvais; si vous me regardez d'un œil de compassion et de miséricorde, vous faites sortir du sépulcre un corps qui portait l'odeur de la corruption et de la mort. O mon Dieu, rejetez loin de moi ce qu'en moi vous haïssez; pénétrez-moi de l'esprit de continence et de chasteté, afin que partout où je vous invoque, je ne puisse vous offenser par ma prière même. Déracinez en moi tout ce qui est contraire à mon salut, et mettez dans mon cœur tout ce qui doit y contribuer; donnez, Seigneur, un remède efficace à toutes les plaies de mon âme; donnez-moi votre crainte salutaire, la componction du cœur, l'humilité d'esprit et une conscience pure. Accordez-moi, Seigneur, le pouvoir d'exercer envers les hommes une charité toute fraternelle. Faites que je n'oublie jamais mes propres péchés et que j'aie toujours les yeux fermés sur ceux de mon prochain.

O mon Dieu, pardonnez à mon âme, pardonnez-moi tous les maux que j'ai faits, pardonnez-moi mes péchés, pardonnez-moi mes crimes. Je suis infirme, visitez-moi; je suis malade, guérissezmoi; je suis foible et languissant, soutenez-moi; je suis mort, ressuscitez-moi. Donnez-moi, Seigneur, un cœur qui vous craigne, un esprit qui vous aime, une intelligence qui vous comprenne, des oreilles qui vous écoutent, des yeux qui vous voient. Ayez pitié de moi, ô mon Dieu, ayez pitié de moi; du haut du trône où réside votre infinie majesté, daignez abaisser un regard jusqu'à moi; dissipez les ténèbres de mon cœur par un rayon de votre splendeur. Donnez-moi, Seigneur, la faculté de discerner entre le bien et le mal, et accordez à mon esprit de veiller sans cesse sur moi-même. Je vous supplie, Seigneur, de m'accorder la rémission de tous mes péchés, afin que par votre miséricorde, il me soit fait grâce dans le temps des nécessités et des afflictions.

Sainte et immaculée Vierge Marie, mère de Dieu, mère de notre Seigneur Jésus-Christ, daignez intercéder pour moi celui dont vous avez mérité de devenir le sanctuaire; saint Michel, saint Gabriel, saint Raphaël, saint Chœur des Anges et des Archanges, sainte assemblée des Patriarches et des Prophètes, des Apôtres et des Evangélistes, des Martyrs et des Confesseurs, des Prêtres, des Lévites, des Moines, des Vierges et de tous les Justes. Je vous en supplie, par Jésus-Christ qui vous a élus et dans la contemplation duquel vous trouvez toutes les délices, intercédez pour moi qui suis un pauvre pécheur, afin que j'obtienne d'être délivré des tourmens de l'enfer et de la mort éternelle. Daignez, Seigneur mon Dieu, par un effet de votre clémence et de votre miséricorde infinie, m'accorder la vie éternelle.

Donnez, Seigneur Jésus-Christ, la concorde à vos ministres, la paix et la tranquillité aux rois et aux princes qui règnent avec justice; je vous invoque, Seigneur, pour toute la sainte Eglise catholique, pour les fidèles des deux sexes, pour les religieux et pour ceux qui vivent dans le monde, pour tous ceux qui sont chargés de la direction des âmes, pour tous ceux qui croient en vous, et qui travaillent par amour pour vous, afin qu'ils obtiennent la persévérance dans leurs bonnes œuvres. Accordez,

Seigneur et éternel souverain, la pureté aux vierges qui se consacrent à vous, la chasteté à ceux qui vivent dans la foi conjugale, votre indulgence aux pécheurs, votre appui aux veuves et aux orphelins, votre protection aux pauvres, le bon chemin à ceux qui se sont égarés, la consolation aux affligés, le repos éternel aux fidèles défunts, le port du salut aux navigateurs; accordez à ceux qui sont saints la persévérance dans la sainteté; aux bons et aux modérés la volonté de devenir meilleurs et aux misérables, comme moi, qui pèchent et commettent l'iniquité, faites qu'au plus tôt ils se corrigent et changent de vie. O Seigneur, qui êtes plein de compassion et de miséricorde, ô Jésus-Christ, fils du Dieu vivant, et rédempteur du monde en tout et partout je confesse ma misère, je m'avoue un misérable pécheur.

Vous, Père très-haut et tout-puissant, qui prenez pitié de tous les hommes, vous ne permettrez pas que je sois privé des secours de votre miséricorde; vous, Seigneur, Roi des rois, qui nous avez donné la règle et l'exemple de notre conduite, accordez-moi la volonté et le pouvoir de me corriger; excitez mon esprit à vous chercher et à ne désirer que vous seul. Vous, sainte et adorable Trinité, faites qu'avant tout je vous adore, je vous aime, je vous craigne, je fasse votre volonté. Je vous invoque encore Seigneur Dieu de toute sainteté, père éternel qui êtes plein de gloire et béni dans tous les siècles, je vous supplie pour tous ceux qui font mémoire de moi dans leurs oraisons, qui se recommandent à mes prières, tout indignes qu'elles sont de vous être adressées; je vous supplie pour tous ceux qui m'aident dans les devoirs de la charité et dans les pratiques de la dévotion; je vous supplie pour tous ceux qui me sont chers, pour mes parens, pour mes amis, vivans ou décédés, daignez, ô mon Dieu, leur ouvrir à tous les bras de votre miséricorde et les délivrer de la mort éternelle.

Daignez aussi, Seigneur, accorder votre secours à tous les chrétiens vivans, et aux fidèles défunts l'absolution de leurs péchés et le repos dans le royaume éternel; je vous supplie encore, Sei-

[illegible]
gneur, qui êtes le principe [illegible] m'assister à l'heure de [illegible] pour moi un juge plein d'indulgence [illegible] de miséricorde, préservez mon âme des atteintes du démon, et devenez mon défenseur contre les piéges de mon éternel ennemi. Faites enfin que je parvienne dans votre paradis, et que je m'unisse pour l'éternité au chœur de vos anges et de tous les saints. Exaucez ma prière, ô Dieu qui êtes béni et adoré dans tous les siècles des siècles.

℟. Ainsi soit-il.

FIN.

sum, et exurre- xi; quia Do- minus susce-pit

me; Alleluia, alle- lu-ia. *S.* *A.* 8.

Psaume, Dómine, quid multiplicáti, *page* 2.

℣. Dómine, eduxisti ab inferno ánimam meam;
℟. Salvásti me á descendéntibus in lacum; Allelúia.

Pater noster, etc. ℣. Et ne nos indúcas.
Jube, Domne, benè dícere.

Bénéd. Detur tibi à Deo sermo in apertióne oris tui cum fidúcia, notum fácere mystérium Evangélii. ℟. Amen.

Léctio sancti Evangélii secúndùm Marcum.

IN illo témpore, María Magdaléne, et María Jacóbi, et Salóme emérunt arómata, ut veniéntes úngerent Jesum. Et réliqua.

I. Leçon.

... annoncée sous le ...

BIBLIOTHÈQUE ...

CONTENANT

LES VIES DES SAINTS

LES PLUS ÉDIFIANTES,

Tirées textuellement de GODESCARD, ...
R. P. *Michel-Ange* MARIN.

20 Volumes in-18,

de 100 à 120 pages, couvertures imprimées.

PRIX : 6 FRANCS.

ON SOUSCRIT A TROYES,
CHEZ Ve ANDRÉ ...,
LIBRAIRES,
PLACE DE L'HÔTEL-DE-VILLE.

www.ingramcontent.com/pod-product-compliance
Ingram Content Group UK Ltd.
Pitfield, Milton Keynes, MK11 3LW, UK
UKHW022049190726
13855UKWH00002B/453